Le guide de la stratégie digitale

Construis ton succès digital de A à Z

Cédric Daviet

Napsium & Cédric Daviet Web

Sommaire

Entrez dans l'aventure digitale

Introduction   7

PARTIE I
L'HUMAIN, CE MAMMIFÈRE COMPLEXE

1. Un petit tour chez nos 3 cerveaux   15

2. Perception, émotions et prise de décisions   19

3. Comment la science explore le cerveau du consommateur   23

4. Le pouvoir des couleurs   27

5. L'attention et la concentration dans le marketing digital   31

PARTIE II
COMPRENDRE ET ENGAGER SON CLIENT

6. Introduction à la stratégie de marque   39

7. L'évolution du branding dans le contexte digital   45

8. La création de personas   49

9. Le pouvoir du storytelling — 61

10. Le modèle « StoryBrand » de Donald Miller — 67

11. Construction de l'identité visuelle — 75

12. Voix et ton de la marque — 81

13. Mesure de l'impact du branding — 85

PARTIE III
LES DIFFÉRENTES STRATÉGIES DIGITALES

14. SOSTAC — 95

15. Les « Pirates Metrics » AAARRR — 101

16. RACE Framework — 107

17. Les 5S de Chaffey — 111

18. Le Consumer Decision Jounrey de McKinsey — 115

19. La stratégie Océan Bleu — 119

20. Le modèle Lean StartUp — 123

PARTIE IV
LES DIFFÉRENTS LEVIERS DU MARKETING DIGITAL

21. Le Growth Hacking — 139

22. Le content marketing — 147

23. Le SEO 153

24. Le Community Management 165

25. La publicité sur les moteurs de recherche (SEA) et sur les réseaux sociaux (SMA) 191

26. L'email marketing 213

27. Choix du CMS pour ton site web 221

28. Collecte des données et Web Analytics 237

29. Partenariats et collaborations 245

30. L'impact de l'Intelligence Artificielle dans le marketing digital 249

PARTIE V
ASTUCES CONCRÈTES POUR LE DÉMARRAGE ET LE FINANCEMENT D'UNE START-UP/TPE

31. L'art de synchroniser développement de produit et visibilité naturelle 261

32. L'importance d'une communauté engagée dès le début de ton projet 265

33. Navigation dans le paysage des financements pour une jeune entreprise en France 269

34. Préparer la scalabilité et la croissance à long terme de ton entreprise 277

35. Se tourner vers l'international 283

Conclusion **287**

Introduction

« Tout ce que nous devons décider, c'est que faire du temps qui nous est imparti. »

Ce n'est pas moi qui le dit mais Gandalf, le célèbre mage de la terre du milieu et un sacré entrepreneur.

Et oui, dans la vie, on ne maîtrise pas tout mais le but, surtout quand on est amené à être chef d'entreprise, c'est quand même de maîtriser un maximum ce que l'on peut, non ?

Et même si je te rassure, on n'est pas là pour refaire le casting du Seigneur des Anneaux (même si j'avoue que je n'aurais pas dit non à une petite visite dans la Comté), on est bien ici pour parler de stratégie.

Et pas n'importe laquelle : la stratégie qui va structurer ta vision digitale pour favoriser le succès de ton entreprise.

Si tu tiens ce livre entre tes mains, ou sur l'écran de ta tablette, c'est que tu es prêt à plonger dans le grand bain du digital sans les brassards. Je suis passé par là, avec plus ou moins de splash – je veux dire, de succès.

À 16 ans, j'étais déjà en train de tenter de réunir sur une seule et même plateforme les bars qui avaient une scène à proposer et les groupes de musique en devenir sans vraiment savoir où je mettais les pieds.

Puis, j'ai voulu imaginer des cuissards améliorés pour les férus de ski roues. J'ai même lancé un menu de restaurant interactif accessible par QR Code.

Spoiler : tout n'a pas été un succès retentissant, mais chaque faux pas était une occasion d'apprendre quelque chose de précieux, voire décisif pour la suite.

Ce livre, c'est un peu tout ce que j'aurais aimé que l'on me dise quand j'ai commencé à naviguer dans l'univers impitoyable mais ô combien fascinant de l'entrepreneuriat.

Il est conçu pour t'éviter quelques erreurs de parcours (et Dieu sait qu'elles peuvent être démotivantes même si ça fait partie de l'apprentissage), tout en accélérant ta course vers le développement de ton projet.

Ici, on va droit au but. Pas de blabla interminable sur ce qui va arriver dans les chapitres suivants – chaque page compte.

Tu y trouveras des conseils pratiques, des stratégies éprouvées par les plus grandes entreprises actuelles et, pour pimenter le tout, une bonne dose d'exemples réels et fictifs pour que tu puisses toi-même mettre en application ces conseils.

Prépare-toi : on va structurer, optimiser et concrétiser ton approche digitale.

Accroche-toi, ça commence maintenant !

À qui s'adresse ce livre ?

Bien que ce livre parle de startups et d'entreprises de manière générale, si tu es un(e) indépendant(e) ou un(e) freelance, ne pars pas en courant pour autant !

Ce guide est aussi pour toi. Imagine transformer ta compétence individuelle en une marque distincte et influente. C'est exactement ce dont on va parler ici.

Pas besoin d'être une grande équipe pour faire de grandes choses. Encore une fois, la seule chose où il faut exceller, c'est sur les choix que tu vas faire dans le temps qui t'es imparti !

Certes, on va parler de quelques startups qui ont

décollé jusqu'aux étoiles, mais c'est pour la bonne cause : leurs histoires sont bourrées de leçons précieuses qui s'appliquent tout autant à un one-man show qu'à une équipe de dix ou cent personnes.

Chaque stratégie discutée, chaque erreur à éviter, chaque astuce pour économiser du temps et maximiser les résultats, tout ça peut être adapté à la taille de tes ambitions et de ton projet.

Alors, que tu rêves de faire décoller ton entreprise solo ou que tu pilotes déjà une petite équipe vers de nouveaux horizons digitaux, ce livre t'es destiné.

Ensemble, on va faire en sorte que ta marque ou ton business crève l'écran, tout en s'assurant que tu restes au cœur de ton projet, en maître absolu de ta destinée digitale (c'est beau, non ?...).

L'importance capitale d'une bonne stratégie digitale

Partir à l'aventure dans le grand monde du web sans plan, c'est un peu comme monter une tente en pleine nuit sans lampe torche. Possible, mais tu risques de te retrouver avec une sardine dans la glacière et une bière au pied de la tente !

Heureusement, tu as trouvé ta lampe torche — ce livre.

Que tu sois un solo entrepreneur, un patron d'une startup à ces débuts, ou le pilote d'une petite entreprise dynamique, « Le guide de la stratégie digitale » est taillé sur mesure pour toi.

C'est parti pour une aventure où chaque clic compte et où chaque stratégie peut faire la différence. Let's go ! (comme ne dit pas ma grand-mère).

Partie I
L'humain, ce mammifère complexe

« La qualité de notre communication est déterminée non pas par la manière dont nous disons les choses, mais par la manière dont elles sont comprises. »

Ça en jette hein ? Cette phrase est d'Andrew Grove, ingénieur américain mais surtout connu pour avoir géré l'entreprise Intel, célèbre fabricant de microprocesseurs, pendant 38 ans.

Le fonctionnement de l'être humain est à la fois extrêmement simple et furieusement complexe. La tour de contrôle de ce grand mammifère se situe dans la boite crânienne : j'ai nommé le cerveau !

Il gère tout et notamment ce qui fait de nous des êtres aussi fascinants (dans le bon comme dans le mauvais sens), à savoir la gestion des émotions et des désirs.

Sans rentrer dans des détails beaucoup trop techniques, on pourrait diviser le cerveau en trois parties.

Chapitre 1
Un petit tour chez nos 3 cerveaux

Imagine que ton cerveau est un manoir avec 3 étages (ne juge pas la pertinence de la métaphore s'il te plaît…). Chacun a son utilité propre, surtout quand il s'agit de sortir la carte bleue !

Le cerveau reptilien

C'est le sous-sol du manoir, vieux comme les roches, qui gère tout ce qui est instinctif et primal. Respiration, faim, réaction de fuite ou de combat.

Comme c'est lui qui va réagir en priorité face à un danger ou un sentiment d'insécurité en priorité, beaucoup de professionnels de la communication font appel à lui en utilisant différentes techniques marketing.

L'une des plus connues est la fameuse technique du « peur de rater quelque chose » (« FOMO » ou « Fear of Missing Out » en anglais).

Mais si, je t'assure, tu connais cette technique. Si

je te dis «Plus que 2 heures avant de profiter de cette offre», «Dépêchez vous, j'ai pas mal de personnes sur le coup» ou encore «Vous avez reçu une notification !», ça ne te dit rien ?

Le cerveau limbique

Maintenant, passons à l'étage du dessus. Ici, c'est le centre émotionnel.

C'est le cerveau qui gère les sentiments et les émotions - c'est le cœur des relations humaines. C'est aussi ce cerveau que tu dois faire vibrer quand on travaillera, plus tard dans ce livre, sur le branding de ta marque et le storytelling.

Tu l'auras compris, c'est ce cerveau qui fait que tu peux regarder une série Netflix entière en une nuit.

Le néo-cortex

L'étage du haut où on réfléchit, on analyse. Ce cerveau s'occupe de la logique, des décisions réfléchies. Quand tu présenteras les caractéristiques et les avantages de tes produits/services, c'est ce cerveau que tu vas cibler.

🚀 Exemple d'entreprise : la campagne Spotify Wrapped (Rétrospective)

Même s'ils ne sont pas les premiers à le faire, ta rétrospective d'écoute annuelle sur Spotify agite certains de ces mécanismes.

En te donnant un résumé de ce que tu as écouté durant l'année, Spotify te connecte directement avec le cerveau limbique (ah, les souvenirs de cette chanson pendant l'été !), tout en titillant ton néo-cortex avec des statistiques sur tes genres préférés ou encore combien de minutes tu as passé à écouter ta chanson favorite.

Résultat ? Tu partages sur les réseaux, tu discutes avec tes amis de tes découvertes musicales, et Spotify renforce sa place dans ton quotidien.

Pourquoi ça marche ?

Toucher les émotions rend une marque mémorable. C'est prouvé : une pub qui te fait ressentir quelque chose est bien plus marquante que celle qui se contente de balancer des informations sans intérêts.

L'entreprise Nielsen, leader mondial dans le

domaine de la connaissance de l'audience, des données et des analyses a démontré que des pubs qui font appel aux émotions sont généralement deux fois plus efficaces pour rester dans les esprits.

En mélangeant ces insights («Indicateurs» dans notre belle langue) de neurosciences avec des stratégies créatives, tu ne fais pas juste de la pub, tu crées une expérience qui a toutes les chances de s'ancrer durablement dans la vie des consommateurs.

C'est là toute la magie du neuromarketing : comprendre non seulement ce qu'on achète, mais surtout pourquoi on l'achète.

Chapitre 2
Perception, émotions et prise de décisions

Quand on parle de neuromarketing, il est important de comprendre comment nos cerveaux perçoivent les choses qui nous entourent, comment tel événement nous fait ressentir telle émotion, et comment tout ça aboutit à prendre une décision, comme « J'achète » ou « Je zappe ».

Perception : les yeux plus gros que le ventre

La perception, c'est la première porte d'entrée de n'importe quel stimulus. Tout commence avec ce que nos sens (vue, ouïe, toucher, etc.) captent.

En marketing, c'est l'art de présenter ton produit ou ton service de manière à ce qu'il soit non seulement vu, mais aussi remarqué. Par exemple, des études ont montré que les couleurs vives attirent plus l'attention et peuvent influencer l'humeur et la perception de la qualité du produit. Une couleur comme le rouge est souvent associée à l'urgence ou au danger. On en reparlera plus tard dans ce livre.

Émotions : quand le cœur s'en mêle

Après la perception, les émotions entrent en jeu. Elles sont au cœur du processus de décision.

Admettons que tu vois une pub qui utilise une image de famille heureuse pendant les fêtes. Cette image va probablement évoquer un sentiment de chaleur, de bonheur. Ces émotions vont te rendre plus réceptif au message de la publicité qui va te rappeler des souvenirs.

Une étude clé de l'Université de Californie[1] a prouvé que les émotions peuvent même nous pousser à payer plus pour un produit ou un service, juste parce que ça nous fait sentir bien. C'est là que le neuromarketing joue ses meilleures cartes, en liant produit et plaisir.

Prise de décisions : le dernier acte

Pour résumer, l'humain perçoit, puis ressent puis...prend une décision (le fameux néo-cortex).

---

[1] Université de Californie, "The Role of Emotion in Economic Behavior", 2018

C'est un processus complexe où le cerveau pèse le pour et le contre, mais avec une grosse dose d'influence émotionnelle.

Imaginons que tu sois dans un magasin, devant deux produits similaires. L'un a un emballage neutre, l'autre est éclatant et te rappelle quelque chose de joyeux. Même si logiquement les deux sont pareils, tu pourrais choisir le deuxième juste parce que l'emballage te parle plus ou te fait ressentir quelque chose de fort.

Le neuromarketing tente de comprendre et d'exploiter ces processus pour mieux positionner les produits ou services. Savoir comment les gens perçoivent et ressentent peut aider à créer des campagnes qui non seulement attirent l'attention, mais qui aussi résonnent émotionnellement, ce qui conduira potentiellement à une action d'achat.

On pourrait apparenter ça à une sorte de manipulation douce, mais assez puissante.

Chapitre 3
Comment la science explore le cerveau du consommateur

Mais Cédric, comment on sait tout ça ?

On utilise des outils comme l'EEG, l'IRMf, et l'eye-tracking pour obtenir des données précises sur ce qui se passe dans le cerveau lors d'une expérience d'achat ou d'exposition à une publicité. Voici un aperçu des méthodes d'analyse et leur utilisation en marketing :

EEG (électroencéphalogramme)

L'EEG capte l'activité électrique du cerveau via des électrodes placées sur le cuir chevelu. Cette méthode est particulièrement utile pour mesurer l'engagement et les émotions en temps réel. Elle offre des indications sur les types de contenu qui maintiennent l'attention ou suscitent une forte réaction émotionnelle.

Une recherche publiée dans le «Journal of

Neuroscience, Psychology, and Economics »[2] explique que l'EEG peut efficacement mesurer les réponses immédiates et inconscientes à des stimuli publicitaires, ce qui aide à prédire les comportements d'achat futurs.

IRMf (imagerie par résonance magnétique fonctionnelle)

L'IRMf offre une image assez détaillée des processus cérébraux en mesurant les changements dans le flux sanguin liés à l'activité neuronale, ce qui permet ainsi de voir les parties du cerveau qui s'activent lors de différentes tâches cognitives ou émotionnelles.

Selon une étude parue dans « Nature Reviews Neuroscience »[3], l'IRMf est particulièrement précieuse pour comprendre les décisions complexes et les préférences des consommateurs qui peuvent être influencées par des facteurs dont ils ne se rendent même pas compte.

---

[2] Journal of Neuroscience, Psychology, and Economics, "Neuromarketing: The hope and hype of neuroimaging in business", 2011

[3] Nature Reviews Neuroscience, "The neural basis of economic decision-making in the Ultimatum Game", 2008

L'eye-tracking

L'eye-tracking (ou «suivi oculaire» en français) est également très important pour analyser où et combien de temps les consommateurs fixent certaines parties d'une publicité ou d'un site web.

Des recherches utilisant l'eye-tracking montrent comment les éléments visuels peuvent guider ou manipuler l'attention des consommateurs.

Une publication dans «Journal of Consumer Research»[4] a démontré que les consommateurs passent significativement plus de temps à regarder des éléments qui leur sont «émotionnellement» engageants, ce qui influence directement leurs choix et préférences de produits (ou services).

Des outils «grand public» comme HotJar ou Plerdy permettent de faire ce travail avec les visiteurs de ton site web.

Autres méthodes

D'autres techniques, comme la mesure de la «conductance de la peau», offrent des insights

---

[4] Journal of Consumer Research, "Eye tracking and visualization of where we look", 2014

sur les réactions émotionnelles des consommateurs en détectant les changements dans la transpiration, qui indique une augmentation de l'excitation émotionnelle.

Cette méthode est détaillée dans une étude de «Psychophysiology»[5] où elle est utilisée pour évaluer l'impact émotionnel des publicités.

En combinant ces différentes techniques, les pros du neuromarketing peuvent assembler un tableau complet de ce qui attire, engage, et influence les consommateurs.

---

[5] Psychophysiology, "The skin conductance response in decision making", 2012

Chapitre 4
Le pouvoir des couleurs

Comme je le disais un peu plus haut, les couleurs peuvent avoir un impact assez fort sur les émotions qu'elles suscitent.

Ne base pas toute ta stratégie digitale sur le choix d'une couleur mais fais en sorte qu'elle soit en cohérence avec la proposition de valeur de ta marque et ton entreprise.

Rouge : urgence, passion, excitation.

Les boutons «Acheter maintenant» ou «Soldes» sur les sites e-commerce sont souvent rouges pour stimuler une action rapide.

Une étude menée par l'Université de Rochester[6] a démontré que le rouge augmentait les réactions physiques. Essentiel pour stimuler l'acte d'achat…

Bleu : confiance, tranquillité, fiabilité.

Facebook et anciennement Twitter (renommé «X» depuis le rachat de l'entreprise par Elon Musk) utilisent le bleu dans leur branding pour promouvoir un sentiment de fiabilité et de

---
[6] Elliot, A.J., & Maier, M.A. (2014). "Color Psychology: Effects of Perceiving Color on Psychological Functioning in Humans."

sécurité. Selon une recherche parue dans le « Journal of Business Research »[7], le bleu favorise la perception de confiance et de sécurité chez les utilisateurs.

Vert : santé, tranquillité, croissance.

Whole Foods utilise le vert dans son logo pour associer ses produits à la naturalité et la santé. Des études[8] indiquent que le vert a un effet relaxant et est souvent associé à des marques écologiques.

Jaune : optimisme, jeunesse, attention.

Snapchat utilise le jaune pour capturer l'attention et évoquer l'énergie et la jeunesse[9].

Noir : sophistication, luxe.

Les marques de luxe comme Chanel utilisent souvent le noir pour évoquer l'élégance et la sophistication. Une étude sur la perception des couleurs[10] a montré que le noir est souvent

---

[7] Labrecque, L.I., et al. (2013). "Color in the marketing sciences: An examination of color psychology and perceptions." Journal of Business Research.

[8] Keller, K.L., & Aaker, D.A. (1992). "The effects of sequential introduction of brand extensions." Journal of Marketing Research.

[9] Singh, S. (2006). "Impact of color on marketing." Management Decision.

[10] Wichmann, F.A., et al. (2002). "Determinants of colour perception in design." International Journal of Industrial Ergonomics.

associé à des attributs de luxe et de qualité supérieure.

Blanc : pureté, simplicité, minimalisme.

Apple utilise beaucoup le blanc pour renforcer un design épuré et minimaliste[11].

---

[11] Goby, V.P., & Lewis, J.H. (2009). "Digital aesthetics and the consumer interface." Journal of Consumer Psychology.

Chapitre 5

L'attention et la concentration dans le marketing digital

Je vous parle d'un temps que les moins de 20 ans…

Pour ceux qui, comme moi, sont nés dans les années 90, on a pu assister à l'émergence d'Internet, la naissance des réseaux sociaux (mon Skyblog, je ne t'oublierai jamais…) et des messageries instantanées (Ah les Wizz de MSN…).

On a également assisté à l'avènement du «trop plein d'infos» qui joue de manière drastique sur l'attention et la concentration que l'on donne aux informations que l'on voit passer à longueur de journée.

Ici, pas de débats philosophiques sur le fameux «c'était mieux avant» mais le but est plutôt de faire connaissance avec ces deux éléments ô combien importants à prendre en compte dans l'élaboration de ta stratégie digitale.

Les différents types d'attention

Il y en a qui ça aurait bien servi à l'école (spoiler, moi!). Pour résumer, on pourrait définir l'attention par la capacité du cerveau à faire le tri sur les informations perçues afin de réorienter le traitement de ces données vers une seule information tel un entonnoir.

Voici les types d'attention que tu dois connaître :

L'attention soutenue

Elle est importante pour les contenus qui nécessitent un engagement de longue durée, comme le visionnage d'une vidéo explicative ou la lecture d'un article approfondi. Elle est à la base des stratégies de contenu visant à éduquer et à construire une relation avec le public.

L'attention sélective

Hyper utile dans des environnements chargés, comme les réseaux sociaux ou les sites d'actualités. Les marketeurs l'utilisent pour faire ressortir des éléments spécifiques (comme des bannières publicitaires ou des boutons d'appel à l'action) au milieu d'une mer d'informations.

L'attention partagée

On entend par attention «partagée» le fait de prêter attention à plusieurs informations à la fois. De nos jours, savoir capturer ce type d'attention est essentiel. Les campagnes efficaces doivent être conçues pour engager les utilisateurs même lorsqu'ils sont sur d'autres tâches ou onglets.

L'attention alternée

Elle permet de passer rapidement d'un sujet à un autre. Les publicités qui réussissent à utiliser cette forme d'attention peuvent retenir les utilisateurs qui passent d'une application à une autre, par exemple de leur boîte mail à un réseau social.

La concentration et son impact

La concentration, quant à elle, se plonge plus profondément dans la qualité de l'engagement.

Pour captiver réellement une audience, il faut des contenus qui non seulement attirent l'attention mais aussi la maintiennent. Des techniques comme les histoires captivantes, les interactions en temps réel ou les animations attractives sont des outils puissants pour augmenter le niveau de concentration.

À la différence de l'attention qui est une fonction cognitive «de base», la concentration demande un effort beaucoup plus important avec une notion de mémoire de travail (stockage et manipulation de l'information).

Insights et statistiques actuelles

Prenons un exemple récent : la campagne interactive de Spotify, où les utilisateurs peuvent créer des playlists personnalisées basées sur leurs émotions et activités. Ce genre d'interaction ne sollicite pas seulement l'attention sélective mais maintient une attention soutenue grâce à sa nature personnalisée et engageante.

Les statistiques montrent également l'impact de ces stratégies : une étude de 2022[12] a révélé que les contenus interactifs peuvent augmenter le temps de concentration des utilisateurs de près de 70 % par rapport aux contenus statiques.

---

[12] Content Marketing Institute, 2022

En conclusion : jouer sur toutes les formes d'attention

Comprendre et utiliser différents types d'attention en marketing digital est un art.

L'attention soutenue crée un engagement profond, l'attention sélective capte rapidement l'intérêt, l'attention divisée joue sur notre capacité à multitâches, et l'attention alternée permet de rester pertinent même lorsque l'utilisateur change de focus.

Maîtriser ces aspects peut transformer une campagne ordinaire en une expérience mémorable et hautement efficace.

La prochaine fois que tu te retrouveras absorbé par une pub ou un contenu digital, tu pourras apprécier (ou non…) la science subtile derrière cette capture d'attention.

Partie II
Comprendre et engager son client

Dans la partie précédente, on s'est centré sur la manière dont fonctionne ton client en tant qu'être humain. Ton client perçoit des informations et ressent des émotions et sentiments. Ceux-ci entraînent une réflexion et/ou une impulsion à l'action.

Mais comment ton entreprise peut-elle faire ressentir tout ça à tes clients ?

Pour ça, il faut bien comprendre la notion de branding, de personas et de storytelling.

Chapitre 6
Introduction à la stratégie de marque

Le branding c'est quoi ?

Tel le Z de Zorro (ça y est, j'ai le générique de la série dans la tête…), on pourrait apparenter le branding à la signature d'une entreprise, un cri de ralliement sous lequel clients et produits/services se rassemblent. C'est bien plus que des éléments visuels ; c'est une promesse, une histoire continue (tiens, tiens…) qui évolue avec chaque interaction que tu as avec ton client.

Pourquoi le branding est si important ?

Les données montrent de manière répétée que le branding est fondamental. Selon un rapport de 2022 de Forrester[13], une marque forte peut augmenter la fidélisation de la clientèle de plus de 50 %. C'est plus qu'important dans un environnement digital où la concurrence est souvent omniprésente.

---
[13] Forrester, "The Power of Brand Consistency", 2022.

Un autre aspect souvent sous-estimé du branding est son impact sur les conversions.

D'après une étude de Circle Research[14], 77 % des leaders du marketing pensent que le branding est décisif pour la croissance future. Pourtant, le même rapport note que seulement 25 % des marques ont une stratégie de branding clairement définie, ce qui laisse une énorme marge d'amélioration.

Le cerveau, ce consommateur invisible

Notre exploration des neurosciences nous a déjà révélé comment les perceptions et émotions façonnent les décisions d'achat. Les marques qui réussissent aujourd'hui sont celles qui comprennent le fonctionnement du cerveau humain, en particulier notre tendance à favoriser ce qui nous est familier et rassurant.

Une étude réalisée par l'Université de Loyola[15] montre que la couleur d'un logo influence jusqu'à 90 % des jugements instantanés des consommateurs.

---

[14] Circle Research, "B2B Marketing Report", 2021.

[15] Université de Loyola, "The Psychology of Color in Marketing", 2019.

🚀 Exemple d'entreprise : la stratégie de Coca-Cola en 2016

Prenons l'exemple de Coca-Cola, la marque centenaire qui continue de dominer le marché des sodas grâce à un branding efficace.

En 2016, lorsque Coca-Cola a modifié son slogan pour «Taste the Feeling» («Savourez l'instant» en France), ils n'ont pas seulement changé quelques mots, ils ont recalibré toute «l'histoire» autour du bonheur et de la convivialité.

Cette approche a été soutenue par des campagnes vues un peu partout qui stimulent le cerveau limbique (rappelle-toi, le centre des émotions...)

Les résultats ? Un regain notable de l'engagement client à travers les réseaux sociaux et les publicités.

À l'heure où j'écris ces lignes, les premières pubs avec ce slogan étaient encore disponibles sur Youtube et DailyMotion si tu veux jeter un coup d'œil par toi-même.

L'impact du digital sur le branding

Le digital a transformé le branding de « quelque chose qu'une entreprise possède » en « quelque chose que les clients partagent ». Les réseaux sociaux sont devenus des arènes où les marques ne sont plus les seules à raconter une histoire ; les consommateurs veulent également participer au récit.

Une étude de Sprout Social[16] indique que 55 % des consommateurs découvrent de nouvelles marques via les réseaux sociaux, ce qui souligne l'importance d'une présence de marque cohérente et engageante en ligne.

Aujourd'hui, le branding est un complexe équilibre entre créativité et science, tradition et innovation. Les marques qui comprennent et intègrent les principes de la neuroscience dans leur stratégie de branding ont une longueur d'avance.

Elles ne se contentent pas de parler au consommateur ; elles parlent à son cerveau, à ses émotions, et créent des liens qui transcendent le produit ou le service vendu.

Si tu cherches à creuser davantage sur ce sujet,

---

[16] Sprout Social, "Social Media Consumer Behavior Report", 2022

des ouvrages tels que «Neuromarketing» par Patrick Renvoisé et Christophe Morin ou les rapports annuels de Forrester et Nielsen offrent des analyses profondes et des études de cas sur l'évolution du branding dans l'ère numérique.

Chapitre 7
L'évolution du branding dans le contexte digital

Le digital a révolutionné presque tous les aspects de notre vie, et le branding n'est pas une exception.

Révolution digitale et branding

Traditionnellement, le branding était souvent vu comme un exercice statique centré autour de la création d'un logo reconnaissable, d'une palette de couleurs et d'un beau slogan. Avec l'avènement d'Internet et des réseaux sociaux, cette perception a radicalement changé.

Aujourd'hui, le branding est plus dynamique, et plus interactif. Il s'étend bien au-delà des visuels pour inclure l'expérience utilisateur, l'interaction en temps réel, et la personnalisation.

De la publicité à l'engagement

L'une des transformations les plus importantes

dans l'histoire du marketing actuel est le passage de la publicité traditionnelle à l'engagement digital.

Autrefois, les marques diffusaient des messages généraux à un large public via des médias de masse comme la télévision, la radio ou la presse en espérant que quelques personnes se sentent concernées.

Désormais, grâce aux données numériques et aux réseaux sociaux, les marques peuvent cibler des audiences spécifiques avec des messages très personnalisés selon les personas définis (ne t'inquiète pas, on parle des personas juste après...).

Selon un rapport de HubSpot en 2022[17], les campagnes de marketing personnalisées génèrent 50 % de taux d'engagement en plus.

Impact des médias et réseaux sociaux

Les médias et réseaux sociaux ont particulièrement influencé le branding en permettant aux marques de discuter directement avec leurs clients.

---
[17] HubSpot, "The State of Marketing Report", 2022.

Ça a créé directement ou indirectement des phénomènes que l'on connaît bien maintenant tels que les ambassadeurs de marque et le marketing d'influence, où des individus peuvent façonner l'image que représente une marque bien plus que certaines publicités dites « traditionnelles ».

Une étude de Influencer Marketing Hub en 2021[18] a révélé que le marketing d'influence peut offrir un retour sur investissement jusqu'à 11 fois supérieur à celui engendré par des publicités plus traditionnelles, si la stratégie derrière est efficace, bien sûr.

L'ère de la transparence et de l'authenticité

Le digital a également amplifié la demande pour la transparence et l'authenticité. Les consommateurs d'aujourd'hui veulent connaître l'histoire (tiens, tiens... encore) derrière les produits ou services qu'ils achètent et les entreprises qu'ils soutiennent.

Le rapport de Transparency Market Research de 2021[19] indique que 94 % des consommateurs sont

---

[18] Influencer Marketing Hub, "Influencer Marketing ROI Report", 2021.

[19] Transparency Market Research, "Brand Transparency Impact Study", 2021

plus susceptibles de rester loyaux à une marque qui offre une totale transparence. On retrouve de plus en plus ces valeurs dans l'agroalimentaire où la provenance des produits devient très importante pour les consommateurs.

🚀 Exemple d'entreprise : Nike et la co-création de produit

Nike a adopté une approche de co-création en invitant ses clients à personnaliser leurs propres chaussures via leur plateforme « Nike By You ».

Cette stratégie, non seulement, renforce l'engagement des clients, mais leur permet aussi de se sentir partie intégrante de la marque, ce qui augmente ainsi leur fidélité et leur attachement émotionnel.

Le branding dans l'ère digitale n'est plus une question de simple reconnaissance de marque. Il s'agit de créer une expérience immersive qui parle directement au consommateur, tout en s'adaptant continuellement aux nouvelles technologies et aux attentes changeantes des audiences.

Chapitre 8
La création de personas

Bon, tu auras compris qu'appréhender le fonctionnement cognitif et émotionnel de ton client cible est primordial. Mais ça ne te dit pas qui est vraiment ton client.

Qui est-il ? Dans quoi travaille-t-il ? Quel est son parcours ? Etc.

C'est là que le concept de « persona » entre en jeu, une sorte de portrait-robot de ton client idéal. Imagine que tu es un réalisateur et que tu dois choisir ton acteur principal : le persona, c'est ton casting parfait pour le rôle du consommateur.

Cette méthode t'aide à visualiser le client type, comprendre ses besoins, ses habitudes, ses défis, ce qui te permettra de façonner une stratégie beaucoup plus précise et efficace pour chaque persona que tu auras identifié.

Selon une étude de 2021 faite par HubSpot[20], les entreprises qui définissent clairement leurs personas génèrent une amélioration de 210 % dans le taux de conversion des leads en clients comparé à ceux qui ne le font pas. C'est un

---
[20] "The Ultimate Guide to Marketing Personas", HubSpot, 2021.

chiffre qui ne laisse pas indifférent et qui souligne l'impact puissant d'une bonne compréhension de ton public.

🚀 Exemple d'entreprise : les multiples personas de Spotify

Prenons l'exemple de Spotify. La plateforme de streaming musical a créé des personas basés sur les préférences musicales, les habitudes d'écoute et les données démographiques.

Ces personas ont guidé le développement de leurs fonctionnalités personnalisées comme les playlists «Discover Weekly» («Découvertes de la semaine» en France), qui semblent presque intuitivement comprendre les goûts musicaux de leurs utilisateurs, ce qui permet d'encourager une plus grande fidélité et satisfaction.

L'Impact sur le futur du marketing digital

À mesure que la technologie évolue, l'importance des personas ne fera qu'augmenter. L'intelligence artificielle, par exemple, utilise déjà des données de persona pour personnaliser l'expérience utilisateur (UX) jusqu'aux recommandations de produits. En continuant d'affiner nos personas, on peut non seulement améliorer nos stratégies actuelles, mais aussi rester en première ligne pour les futures tendances marketing.

Les étapes de création de personas efficaces

Étape 1 : définition des objectifs et collecte préliminaire de données

Objectif : définis précisément ce que tu souhaites comprendre à propos de tes personas.

Quel est ton objectif à travers ce travail ? Par exemple, est-ce que c'est pour améliorer la personnalisation de tes campagnes publicitaires ou pour mieux adapter ton produit aux besoins du marché ?

Collecte de données : Commence par recueillir des données démographiques et comportementales. Tu peux utiliser Google Analytics pour les données de trafic et Hotjar pour visualiser comment les utilisateurs interagissent avec ton site via des cartes de chaleur.

Si tu es au début de ton projet et que tu n'as pas de données, crée ton persona selon tes propres hypothèses puis valide-le en allant interviewer des personnes ressemblant à ton persona.

Outils additionnels :

- **Qualaroo** pour poser des questions contextuelles aux visiteurs de ton site web, permettant de comprendre leurs motivations et réticences.

Étape 2 : recherche approfondie

Interviews qualitatives : organise des sessions avec des clients actuels ou potentiels pour comprendre en profondeur leurs besoins et attentes. Utilise des plateformes comme Calendly ou autre outil de prise de rendez-vous pour planifier ces sessions plus facilement.

Outils d'observation :

- **Lookback.io** ou **Hotjar** pour enregistrer des sessions d'utilisateurs en temps réel, te permettant de voir comment ils interagissent avec ton produit ou service.

Étape 3 : analyse et segmentation des données

Traitement des données : utilise des outils comme Excel ou équivalent pour une analyse statistique avancée. Ça te permettra de réaliser des segmentations plus ou moins complexes, de détecter des modèles de comportement et surtout d'affiner ton persona.

Étape 4 : création et documentation des personas

Création de fiches détaillées : chaque persona doit avoir un CV complet incluant des aspects comme des scénarios de vie, préférences personnelles, et le parcours client typique.

Ton persona doit être le plus réaliste possible (donne-lui un vrai prénom, nom, etc) puis documente ça sous forme de CV ou de grosse carte d'identité.

Outils pour la documentation :

- **UserForge** pour maintenir des fiches détaillées de personas, accessibles et modifiables par toute l'équipe.

- **Canva** pour le CV de ton persona le plus

réaliste possible : choisis le bon modèle dans la bibliothèque Canva.

Étape 5 : validation et ajustement

Tests de validation : implémente tes personas dans des campagnes test pour tester leur validité.

Tu peux, par exemple, faire des campagnes mails ou Facebook Ads (si tu as du budget) qui proposeront à tes cibles de tester en avant-première ton produit/service si celui-ci n'est pas encore créé.

Analyse les performances des campagnes pour voir si elles engagent vraiment les segments visés.

LA CRÉATION DE PERSONAS

Alex Martin
Développeur Freelance en démarrage
28 ans · Licence en informatique · Lyon, France

SITUATION PROFESSIONNELLE
Freelance en développement web

EXPÉRIENCE
2 ans en tant que freelance, compétences intermédiaires en JavaScript et React.js

OUTILS / LANGAGES EN CAUSE
Javascript
Rreact.js

BESOINS : Résolution rapide de bugs, conseils en meilleures pratiques de codage.
OBJECTIFS : Livrer des projets dans les délais, améliorer ses compétences.
DÉFIS : Manque de soutien technique immédiat, budget limité pour des formations complètes.
MINDSET : Axé sur la croissance, désireux d'apprendre et de s'améliorer continuellement
AMBITION DANS LA VIE : Devenir un développeur reconnu et lancer sa propre entreprise de développement web

RÉSEAUX SOCIAUX
  1h/jour

INTÉRÊTS :
- Se tenir au courant des tendances tech et réseauter.
- Suivre les leaders d'opinion en tech.
- Découvrir de nouvelles technologies et opportunités de réseau.

DÉCOUVERTE DE NAPSIUM	MOTIVATION POUR DÉPÔT DE TICKET	AVANT NAPSIUM
via un groupe linkedin de développeurs	Bloqué sur un bug complexe	Utilisait forums et vidéos YouTube, insatisfait de la lenteur des réponses

 PAIEMENT NAPSIUM

RAISON DE PAYER : Besoin urgent de solution, valorise l'expertise.
BUDGET : 50-100€ par résolution de problème.
JUSTIFICATION DU BUDGET : Coût justifié par la rapidité et la qualité de la solution
PAYEUR : Lui-même. Investissement dans son activité de freeelance.

VOICI UN EXEMPLE DE PERSONA QUE NOUS AVIONS FAIT POUR NAPSIUM À NOS DÉBUTS

Les outils de suivi :

- **Brevo, Mailjet, Lemlis**t ou encore **Sarbacance** pour gérer et suivre les performances de tes campagnes email selon les différents personas.

- **A/B Tasty** pour tester différentes approches avec tes personas sur ton site web et optimiser l'expérience utilisateur basée sur les résultats.

3. Utilisation des personas dans la stratégie digitale

1. Personnalisation des Messages

Utilise les informations spécifiques de chaque persona pour créer des messages publicitaires ou des articles de blog qui résonnent avec ses intérêts, ses défis et ses objectifs.

🔭 Mise en situation : persona « jeune professionnel urbain »

Si un de tes personas est un « jeune professionnel vivant dans une grande ville » et est intéressé par la technologie durable, tes campagnes d'emailing pourraient mettre en avant la responsabilité environnementale de ton produit/service avec un langage qui valorise l'innovation et le respect de notre belle terre...

Évidemment, si tu es Qatari et que tu vends du pétrole, cet exemple ne marche pas...

2. Optimisation des canaux de communication

Choisis les canaux de communication préférés de chaque persona pour tes campagnes. Ça permet d'assurer que tes messages sont livrés là où ils sont le plus susceptibles d'être vus.

🔭 Mise en situation : persona « étudiant universitaire »

Si ton persona « étudiant universitaire » utilise fréquemment les réseaux sociaux, concentre tes efforts marketing sur Instagram ou TikTok.

3. Amélioration de ton produit/service

Utilise les retours d'information et les préférences de tes personas pour guider le développement ou l'amélioration de ton produit/service.

🔭 Mise en situation : persona «professionnel de santé»

Si tu as plusieurs retours de ton persona «professionnel de santé» qui indiquent un blocage dans l'idée de ton produit ou service, prends-le en compte.

Le fameux : «Ce que vous faites est top MAIS……».

4. Ajustement des prix

Ajuste tes stratégies de prix en fonction de la sensibilité au prix de chaque persona. Ça peut inclure des remises, des abonnements ou des offres groupées.

🔭 Mise en situation : persona «entrepreneur axé start-up»

Pour un persona "Startup Entrepreneur" sensible aux coûts, propose des tarifs réduits pour les premiers utilisateurs ou des offres groupées de services pour les jeunes entreprises.

5. Feedback et amélioration continue

Collecte régulièrement des feedbacks spécifiques à chaque persona pour affiner continuellement tes stratégies et offres.

🔭 Mise en situation : lancement d'un nouveau produit

Après le lancement d'un nouveau produit, sollicite des retours spécifiques de la part des personas pour lesquels le produit est conçu, et utilise ces données pour faire des ajustements rapides et ciblés.

En les intégrant continuellement à la valorisation de ton projet, tu permets également de créer une communauté qui te sera très utile quand tu sortiras ton produit/service. Nous reparlerons de l'importance de la communauté à la fin de ce livre.

En structurant ta stratégie de marketing autour de ces applications détaillées de personas, tu peux non seulement améliorer l'efficacité de tes efforts marketing, mais aussi renforcer les relations avec tes clients en répondant de manière plus précise et personnelle à leurs besoins et attentes.

Chapitre 9
Le pouvoir du storytelling

Le storytelling, ou l'art de raconter des histoires, transcende le simple plaisir d'écouter et de recevoir une information.

Être capable de capter l'attention et d'engager profondément le public, est très, très, très, (très?) important. C'est là que le storytelling intervient pour toute start-up cherchant à marquer les esprits dans un environnement digital totalement saturé.

Dans ce chapitre, on plonge dans les principes fondamentaux qui rendent une histoire captivante et qui engageront émotionnellement tes futurs clients.

Fondements du storytelling

Les éléments d'une bonne histoire dans le marketing de manière générale doivent inclure :

1. Des personnages sur lesquels on peut raconter des choses

Dans le contexte marketing, les personnages représentent souvent le client idéal ou la marque elle-même. Le personnage doit avoir une personnalité qui se dégage sur laquelle on peut créer des émotions. Le personnage a des joies et des peurs qu'il vit de manière intense ou non.

2. Un conflit engageant

Le conflit dans le marketing ne doit pas forcément être dramatique, mais il doit illustrer clairement le problème que le produit ou service résout.

3. Une résolution inspirante

La conclusion d'une histoire de marketing doit montrer comment le produit ou service améliore la vie ou résout le problème du client.

 Exemples de startup : les histoires de Nike, Airbnb et Slack

La campagne «Just Do It» de **Nike** est un exemple parfait de storytelling efficace. En mettant en avant des athlètes de tous les jours surmontant des obstacles personnels, Nike ne vend pas juste des produits sportifs, mais une aspiration à la persévérance et au dépassement de soi.

Airbnb ne parle pas seulement de locations de vacances, mais raconte des histoires de voyageurs et d'hôtes du monde entier, mettant en lumière des expériences de voyage uniques et personnelles qui ne peuvent être vécues que grâce à leur service.

La messagerie collaborative **Slack** raconte l'histoire de la communication désordonnée au travail pour montrer comment leur outil peut aider à surmonter ce défi quotidien.

2. Techniques de storytelling digital

Le marketing de contenu et le storytelling visuel sont deux piliers essentiels qui peuvent enrichir et amplifier les récits de ta marque.

Le marketing de contenu (ou «Content marketing» dans la langue de Shakespeare).

Le marketing de contenu est une technique de storytelling qui implique la création et le partage de contenu pertinent pour attirer, engager et convertir ton audience cible.

Ce contenu peut prendre diverses formes, qui vont des articles de blog aux ebooks, en passant par les podcasts et vidéos.

L'idée est de fournir de la valeur ajoutée à ton public, pas seulement de vendre un produit, tout en rappelant de manière explicite ou implicite les valeurs de ta marque.

Nous en reparlerons plus tard dans ce livre quand on abordera les différents leviers actionnables du marketing digital.

🚀 Exemple d'entreprise : Hubspot, le maître du marketing de contenu

La plateforme de CRM, Hubspot, excelle en marketing de contenu. Elle offre une multitude de ressources gratuites qui aident les entreprises à améliorer leurs pratiques de marketing, de vente et de service client.

Son approche du storytelling ne consiste pas à mettre en avant directement leurs produits et services, mais à raconter l'histoire de la transformation digitale à travers des cas d'utilisation et des témoignages.

Storytelling visuel

Comme son nom l'indique, le storytelling visuel utilise des images, des vidéos, des infographies (On sous-estime le pouvoir visuel des infographies...) et d'autres médias pour raconter une histoire de manière plus immersive. C'est une façon efficace de capturer l'attention et surtout de simplifier le message pour des consommateurs qui sont constamment bombardés d'informations.

🚀 Exemple d'entreprise : GoPro ou l'art du storytelling visuel

GoPro excelle dans le storytelling visuel en mettant en scène des aventuriers et des athlètes qui utilisent leurs caméras dans des environnements extrêmes. Chaque image ou vidéo partagée est une histoire de courage, d'aventure et de découverte, ce qui rend le produit indispensable pour capturer ces moments avec une telle intensité.

Ces techniques de storytelling digital ne se limitent pas à la création de contenu captivant ; elles nécessitent une compréhension approfondie de qui est ton public, ce qui le motive, et comment il consomme le contenu digital (tes personas quoi !).

Chapitre 10
Le modèle « StoryBrand » de Donald Miller

J'ai découvert le livre de Donald Miller peu avant d'écrire ce livre. Passionné de Fantasy, ce best-seller m'a tout de suite parlé, en faisant le parallèle entre son propre schéma narratif un tantinet épique et son application aux entreprises.

Tout n'est qu'histoire (Ça, je le savais depuis la lecture du « Voyage du Héros » de Joseph Campbell. Un peu difficile à lire mais je te le conseille) !

Mais par son approche totalement axée « entreprise », le « StoryBrand » (Littéralement « Histoire de la marque » en français) de notre cher Donald vaut également le détour. Regardons ça de plus près..

PS : pour chaque étape, je t'ai mis un exemple que (presque…) tout le monde connaît basé sur la pop culture et une exemple plus axé entreprise.

Les 7 principes du StoryBrand

1.Le personnage (Le client)

Le client est le centre de l'histoire, et tous les efforts marketing doivent être conçus autour de ses besoins et désirs. Il est très important de définir qui est ton client idéal et quelles sont ses motivations principales, ses défis et ses aspirations.

Tu as bien compris que l'on revient encore et toujours à ce bon vieux persona !

 Exemple d'entreprise & pop culture : Frodon Harry Potter et Airbnb

Pop culture : il est très facile de définir qui sont précisément Frodon ou Harry Potter, leur expérience, leur caractère, leurs douleurs, ce qu'ils recherchent et leur but ultime.

Entreprise : ces dernières années, Airbnb se concentre sur les voyageurs cherchant des expériences authentiques. Les aspirations de ces clients là sont différentes de ceux qui veulent juste un endroit pas cher pour dormir.

2. Le problème

Le problème que résout ta marque peut être externe (un obstacle ou un besoin non comblé), interne (frustrations ou aspirations personnelles), ou philosophique (convictions ou valeurs). C'est ce problème qui pousse le personnage à agir.

 Exemple d'entreprise & pop culture : détruire l'anneau et résoudre le désordre communicationnel

Pop culture : Frodon doit détruire l'Anneau pour sauver la Terre du Milieu. Un sacré programme qui capte l'attention et suscite une bonne dose d'empathie.

Entreprise : comme on l'a vu précédemment, Slack aide à résoudre le désordre communicationnel dans les équipes en réunissant tous les biais de communication sur une seule et même plateforme, ce qui simplifie grandement la collaboration.

3. Le guide (ta marque)

Ta marque doit apparaître comme un guide

sage et empathique qui propose un plan pour surmonter le problème de tes clients. Ce guide doit montrer qu'il comprend le défi du héros et qu'il possède l'expertise nécessaire pour apporter de l'aide.

 Exemple d'entreprise & pop culture : Maître Yoda, Gandalf et HubSpot.

Pop culture : Maitre Yoda de Star Wars, Gandalf (oui, j'adore le Seigneur des Anneaux..), Dumbledore de Harry Potter, etc

Entreprise : HubSpot propose des ressources et des outils pour aider les entreprises à améliorer leur marketing et vente, et tout ça gratuitement.

4. Le plan

Le plan doit être un chemin clair et simple que le client peut suivre pour résoudre son problème grâce à l'aide du guide. Ce plan réduit l'incertitude et encourage l'action.

 Exemple d'entreprise & pop culture : Mission Impossible et monday.com

Pop culture : Ethan Hunt dans «Mission Impossible» reçoit toujours un plan clair pour ses missions, malgré les complications qu'il vit par la suite.

Entreprise : monday.com présente un plan clair pour son offre de gestion de projets avec un vrai accompagnement lors de la prise en main de l'outil.

5. L'appel à l'action

C'est une incitation claire à l'action pour le client, un bouton à pousser ou une action concrète à prendre. L'appel à l'action doit être direct et évident pour encourager une réponse immédiate.

 Exemple d'entreprise & pop culture : les Avengers et Dropbox

Pop culture : Nick Fury (intepreté par Samuel L. Jackson dans les films) rassemble les Avengers pour faire face à une menace imminente, un appel clair à l'action pour ces héros.

Entreprise : Dropbox propose un stockage gratuit

initial pour inciter les utilisateurs à s'inscrire et à commencer à utiliser le service plus intensément.

6. L'évitement du désastre

Il est important de montrer ce qui pourrait mal tourner si le client n'adopte pas ta solution. Cette peur du désastre peut être un puissant élément de motivation pour passer à l'action.

 Exemple d'entreprise & pop Culture : la fin de la Terre du Milieu et Norton Antivirus

Pop culture : toujours notre cher Frodon… S'il ne détruit pas l'anneau dans la Montagne du Destin, ça en sera fini de la Terre du Milieu telle que l'on la connaît…

Entreprise : Norton Antivirus met en avant les risques de sécurité auxquels les utilisateurs s'exposent sans une protection adéquate.

7. Le succès

Il s'agit de peindre une image réaliste et quasiperceptible du succès qui attend le client après avoir suivi le plan.

🚀 Exemple d'entreprise & pop culture : Cendrillon et Spotify

Pop culture : la transformation de Cendrillon après l'intervention de sa marraine la fée est un exemple classique de réussite.

Entreprise : Spotify illustre comment sa plateforme peut enrichir la vie quotidienne par l'accès à une musique personnalisée et illimitée.

Chapitre 11
Construction de l'identité visuelle

L'identité visuelle n'est pas juste un ensemble d'éléments esthétiques ; c'est la « vitrine » de ta marque. C'est ce qui te distingue dans un océan de concurrence et qui permet de construire une connexion émotionnelle avec tes clients.

On pourrait écrire un bouquin entier sur l'importance de l'identité visuelle, sur son importance mais aussi ses légendes.

Mais ne pas l'évoquer dans un livre sur la stratégie digitale n'aurait pas été cohérent non plus.

Tu trouveras énormément de ressources sur le web si tu souhaites approfondir ce sujet en profondeur.

Identité visuelle : plus qu'une simple esthétique

Logo, couleurs et typographie : les piliers de ton image

Ton logo est souvent le premier contact visuel qu'un client aura avec ta marque. Il doit être simple mais marquant, facile à reconnaître, et adaptable sur divers supports, que ce soit en ligne ou hors ligne. Pense à Apple ou Nike, où le logo à lui seul suffit pour identifier la marque.

Les couleurs jouent un rôle important dans la perception de ta marque. Selon une étude de Colorcom[21], les couleurs peuvent augmenter la reconnaissance d'une marque de 80 %.

Comme on a pu le voir précédemment, chaque couleur évoque des émotions spécifiques. Il est essentiel de choisir une palette de couleurs qui reflète les valeurs de ton entreprise.

La typographie, quant à elle, ne doit pas être négligée. Elle doit être lisible, mais également en adéquation avec le ton de ta marque. Une typographie élégante et épurée peut par exemple renforcer un positionnement haut de gamme.

Cohérence sur tous les canaux

La cohérence est le mot d'ordre. Ton identité visuelle doit être uniforme sur tous tes points de

---

[21] Colorcom, The Impact of Color in Marketing, 2019.

contact — site web, réseaux sociaux, publicités et même la signature de tes emails.

Une étude de Marq[22] (anciennement «Lucidpress», logiciel en ligne de PAO, concurrent de Canva) indique que les marques cohérentes visuellement sont 3,5 fois plus visibles pour les clients.

Pour y parvenir, établis un guide de style clair qui détaille les utilisations de ton logo, palette de couleurs, typographie, et autres éléments visuels.

Quelques outils pour construire ton identité visuelle par toi-même

Avant de te donner quelques exemples d'outils si tu n'as pas les moyens de faire appel à un professionnel, **il faut noter que la création d'une identité de marque est un travail à part entière passant par un(e) graphiste expérimenté(e) si tu souhaites un travail de qualité**.

Création de Logo :

- **Canva** : idéal pour les débutants, propose des

---

[22] Lucidpress, The State of Brand Consistency, 2020.

modèles modifiables.

- **Adobe Illustrator** : pour les plus aguerris, offre une liberté totale dans le design.

- **Inkscape** : le plus principal concurrent gratuit d'Illustrator.

- **Looka** : génère des logos basés sur tes préférences de style.

- **Affinity Designer** : mon préféré ! Concurrent d'Illustrator mais plus accessible financièrement avec sa licence à vie.

Palette de couleurs :

- **Coolors** : génère des palettes de couleurs harmonieuses.

- **Adobe Color** : crée et partage des combinaisons de couleurs.

Typographie :

- **Google Fonts** : large choix de polices libres de droits.

- **Font Squirrel** : outils de sélection et générateur de polices web.

Guide de Style :

- **Frontify** : plateforme pour créer et gérer ta guide de style numérique.

- **ZeroHeight** : permet de documenter les guides de design pour les équipes de développement.

Chapitre 12
Voix et ton de la marque

Dans l'arsenal du marketing digital, la voix et le ton de ta marque sont tes meilleurs alliés pour établir une connexion authentique avec ton audience. C'est à travers cette voix et ce ton que ta marque prend vie, communique ses valeurs, et se distingue des autres.

Mais le ton et la voix de marque, KESAKO ?

Définir une voix authentique

La voix de ta marque est l'expression de sa personnalité. Elle doit être authentique, cohérente et refléter fidèlement qui tu es et ce que tu défends.

Pour définir cette voix, commence par répondre à ces questions :

- Quelles sont les valeurs fondamentales de ta marque ?

- Comment décrirais-tu ta marque si c'était une personne ?

- Quels adjectifs utiliserais-tu pour décrire ton ton (amical, professionnel, provocateur, etc.) ?

L'authenticité vient de l'alignement entre ce que ta marque prétend être et ce qu'elle est réellement. Les clients sont de plus en plus à la recherche de transparence et d'honnêteté, ce qui rend cet alignement non seulement bénéfique mais nécessaire.

🚀 Exemple d'entreprise : la voix de marque de Discord

Discord, la fameuse plateforme de discussion (à la base utilisée par les amateurs de jeux vidéos en ligne), utilise une voix de marque qui est jeune, dynamique et inclusive. Ça permet de renforcer son identité en tant que plateforme de communication pour les communautés et les amis qui jouent ensemble.

Leur manière de communiquer reflète une approche décontractée mais passionnée, souvent en utilisant un langage qui résonne avec une audience jeune et diversifiée.

Sur leur site web, Discord emploie un langage accueillant et encourageant, comme on peut le voir dans leur slogan d'accueil :

«Imagine a place... where you can belong to a school club, a gaming group, or a worldwide art community» («Imaginez un lieu... où vous pourriez faire partie d'un club scolaire, d'un groupe de Gamers, ou d'une communauté artistique mondiale...» en français).

Alignement du ton avec le persona et l'histoire de la marque

Une fois la voix établie, le ton vient l'adapter aux différentes situations et audiences. Le ton doit varier légèrement selon le contexte tout en restant fidèle à la voix globale de la marque.

Par exemple, le ton utilisé dans une campagne de sensibilisation peut être plus sérieux que celui d'une publication sur les réseaux sociaux destinée à engager une interaction plus légère avec tes followers.

L'alignement du ton avec le persona de ta marque est primordial. Si tu as défini ton persona cible comme étant de jeunes professionnels habitant principalement en ville, le ton de ta marque pourrait être plus dynamique, direct et un peu informel.

De même, l'histoire de ta marque (le fameux storytelling) doit être cohérente avec le ton adopté.

Ton et voix : quelles différences ?

En fin de compte, la voix et le ton de ta marque sont les vecteurs de ton identité dans le dialogue digital que tu vas instaurer avec tes clients.

Tu ne vois toujours pas la différence entre voix et ton? Partons du principe que ta marque est un humain qui s'appelle Marc (humour, quand tu nous tiens...).

La voix de Marc représentera sa personnalité. Est-ce que c'est quelqu'un de doux, d'impulsif, de strict ?

Le ton représentera plus la manière dont il va s'adresser à toi : va-t-il s'adresser à toi de manière directe ? Par des métaphores ? Par de l'humour ?

En restant fidèle à une voix authentique et en adaptant ton ton aux circonstances, tu bâtis une marque forte qui résonne véritablement avec ton audience. La clarté de la voix et la souplesse de ton ton feront que tes clients non seulement t'entendent, mais aussi t'écoutent.

Chapitre 13
Mesure de l'impact du branding

« Toutes ces notions sont bien belles Cédric, mais comment on sait si on est dans le vrai ou non ? »

En le mesurant. Voici certains indicateurs qui peuvent te permettre de matérialiser par des chiffres toutes ces notions (Branding, ton, voix, etc) qui peuvent paraître abstraites.

Indicateurs clés de performance (KPIs) pour le branding

Il n'est pas prioritaire de mesurer ces indicateurs, surtout si tu es au début de ton aventure entreprenariale, mais à terme, ils peuvent être très pertinents.

Reconnaissance de la marque

C'est l'aptitude de ta marque à être identifiée parmi d'autres sur le marché. Les sondages en ligne réguliers où tu demandes aux participants de reconnaître ta marque à partir d'images ou de slogans sans le nom peuvent révéler beaucoup.

Fidélité à la marque

Ce KPI analyse si tes clients continuent d'acheter tes produits ou services sur une longue période. Le suivi des taux de renouvellement d'abonnement et des achats répétés par client peut t'offrir une vue claire de la fidélité client. C'est à corréler, bien sûr, avec la qualité de ton produit/service.

Perception de la marque

La perception représente tout ce que les gens pensent de ta marque. Des enquêtes de satisfaction client et des focus groups peuvent être utilisés pour obtenir ces données.

L'analyse des réactions et des commentaires sur les réseaux sociaux peut aussi te donner une idée de ce que les gens ressentent réellement à propos de ta marque.

Net Promoter Score (NPS)

Assez populaire en marketing, ce score mesure la probabilité que tes clients recommandent ta marque à leur entourage, ce qui est un excellent indicateur de la satisfaction et de l'engagement du client. Les enquêtes NPS sont simples et peuvent être envoyées après l'achat ou lors d'interactions importantes.

Taux de conversion

Indicateur important, il indique l'efficacité avec laquelle ton branding conduit les prospects à devenir clients. Analyser les données de conversion sur différents points de contact permet de voir où les clients s'engagent le plus et où ils se perdent. Ces données sont bien sûr à corréler avec l'efficacité de ta stratégie digitale.

Outils et techniques de mesure

Les outils suivants te permettront de capter précisément ces KPIs et de fournir des insights (que l'on pourrait traduire par «données, connaissances, indicateurs» en français) exploitables :

- **Google Analytics** : un incontournable pour tout ce qui est trafic web et analyse de comportement utilisateur. Configure des objectifs pour suivre les conversions spécifiques liées au branding, comme les inscriptions à une newsletter ou les clics sur les CTA (Bouton d'Appels à l'Action).

- **Brand24 et Mention** : ces outils de monitoring des réseaux sociaux permettent de suivre les mentions de ta marque et d'analyser l'engagement et le ressenti autour de celle-ci. Ils sont particulièrement utiles pour réagir rapidement aux mentions négatives et capitaliser sur les positives.

- **SEMrush** : pour le suivi des performances SEO et de la visibilité de ta marque dans les recherches. Il offre également des fonctionnalités pour analyser la publicité payante et les activités des concurrents.

- **Excel, Power BI ou Looker** : utilise ces plateformes pour créer des visualisations de données dynamiques. Tu peux intégrer des données de différentes sources pour avoir un tableau de bord unifié de tes KPIs de branding. .

- **Hotjar ou Plerdy** : cet outil permet de visualiser

le comportement des utilisateurs sur ton site avec des heatmaps («cartes de chaleurs» : permet de définir par des zones colorées l'activité de tes visiteurs sur ton projet web), des enregistrements de session, et des entonnoirs de conversion, donnant des insights sur l'expérience utilisateur.

Feedback et ajustements continus

L'optimisation continue de ton branding est essentielle pour rester pertinent et connecté avec ton audience :

Tests A/B

Ils permettent de tester différentes versions d'une page web ou d'une campagne publicitaire pour déterminer laquelle performe le mieux en termes de conversions et d'engagement. Utilise des outils comme **Optimizely**, VWO ou **Personizely** pour ces tests.

Groupes de discussion

Réunis tes clients pour obtenir des feedbacks directs sur la perception de ta marque. Ces interactions peuvent révéler des insights précieux qui ne ressortent pas dans les enquêtes en ligne.

Analyse des tendances

Avec Google Trends, surveille l'évolution des intérêts et des discussions autour de sujets liés à ta marque et ton industrie. Ça peut permettre de guider tes ajustements en termes de contenu et de stratégie.

Suivi des retours clients

Encourage les avis clients sur des plateformes comme **Trustpilot** ou **Google Review**s. Analyse régulièrement ces feedbacks pour identifier les points à améliorer ou à mettre en avant.

Partie III
Les différentes stratégies digitales

Ah enfin, on y arrive ! La fameuse stratégie digitale !

Avant de rentrer dans le vif du sujet, il faut bien que tu aies à l'idée qu'une stratégie digitale est un outil, une boussole qui permet de t'orienter mais ça n'est en aucun un plan précis vers le succès (Ben oui, sinon tout le monde serait millionnaire...).

Car non, le plan précis vers le succès n'existe pas. Mais la structuration d'une ou plusieurs stratégies digitales claires te permet d'y voir plus clair.

Voici un aperçu des grandes stratégies :

SOSTAC

un modèle complet qui guide la planification stratégique en six phases claires.

AAARRR (Pirate Metrics)

Ce framework aide les entreprises à comprendre le parcours client en six étapes, de l'acquisition à la recommandation.

RACE Framework

Un système structuré pour gérer et mesurer les interactions client à travers quatre étapes : Reach, Act, Convert, Engage.

Les 5S de Chaffey

Une méthode pour optimiser les performances en ligne autour de cinq objectifs stratégiques.

McKinsey's Consumer Decision Journey

Un modèle qui cartographie le parcours non-linéaire de ton client.

Stratégie Océan Bleu

Une approche qui encourage les entreprises à sortir de la concurrence sanglante des « océans rouges » pour créer des marchés incontestés.

Modèle Lean Startup

Une méthode itérative pour développer des produits et des services en répondant mieux aux besoins des clients et en réduisant les cycles de développement ainsi que les risques.

Chapitre 14
SOSTAC

Le modèle SOSTAC, développé par Paul R. Smith dans les années 90, reste un des outils les plus efficaces pour structurer des stratégies marketing y compris dans le digital. Sa force réside dans sa simplicité et son adaptabilité, ce qui en fait un choix privilégié pour les entreprises qui cherchent à se démarquer dans un environnement compétitif.

Décortiquons SOSTAC

1. Situation

Ici, on prend le pouls de l'entreprise. Avant de plonger dans le grand bain, une jeune entreprise doit savoir où elle se trouve sur le marché. Ça comprend l'analyse des concurrents, la compréhension du public cible, et une introspection sur les forces et faiblesses internes.

2. Objectifs

Quels sont les buts à atteindre ? Pour une entreprise, ces objectifs doivent être SMART (Spécifiques, Mesurables, Atteignables, Réalistes, Temporellement définis).

Un objectif typique pourrait être d'augmenter le trafic sur le site web de 30 % en six mois grâce à des campagnes de contenu ciblé.

3. Stratégie

Comment atteindre ces objectifs ? La stratégie est le cœur du plan.

Pour une entreprise qui débute, ça pourrait signifier choisir entre une stratégie de croissance organique utilisant le SEO et le marketing de contenu, ou une approche plus agressive avec de l'acquisition payante et des collaborations avec des influenceurs experts dans leur secteur.

4. Tactique

Ce sont les actions qui vont te permettre d'atteindre les objectifs définis en amont.

Ça pourrait inclure le lancement de nouvelles campagnes PPC (Pay per Click, comme certaines campagnes Google Ads), la refonte du site web pour améliorer l'expérience utilisateur, ou l'introduction d'un programme de fidélité pour augmenter la rétention client.

Par rapport à l'étape d'avant, on commence à rentrer dans le détail en définissant les grandes étapes.

5. Action

Le plan d'action détaille : qui fait quoi, quand, et avec quelles ressources.

Pour une startup, ça pourrait signifier affecter des ressources à la création de contenu, la gestion de la publicité payante, et le suivi des analytics pour évaluer la performance.

6. Contrôle

Comment mesurer le succès ?

Pour les entreprises, ça implique souvent de définir des KPIs clairs («indicateurs clés de performance» en français) tels que le taux de conversion, l'engagement sur les réseaux sociaux, ou encore le CPA (coût par acquisition).

Les outils d'analyse permettent de suivre ces indicateurs en temps réel.

🚀 Exemple d'entreprise : Monzo et son application de SOSTAC

Monzo, une banque en ligne britannique, a mis en œuvre le modèle SOSTAC pour son expansion aux États-Unis. Leur plan marketing[23] illustre comment chaque étape de SOSTAC a été adaptée à leurs besoins spécifiques pour une entrée réussie sur le marché américain.

1. Situation

Monzo a commencé par distribuer des milliers de cartes de débit lors d'événements en direct dans plusieurs grandes villes américaines pour gagner une présence de base. Ils ont identifié une opportunité due au fait que le marché bancaire américain était moins avancé technologiquement comparé au Royaume-Uni, particulièrement en termes de services bancaires entièrement en ligne et de cartes sans contact.

---

[23] Tous les sources sont à retrouver en bas de l'article : https://15writers.com/sample-reports/sostac-marketing-plan-monzo/

2. Objectifs

L'objectif initial était de distribuer les 10 000 premières cartes d'ici mars 2020, augmenter le nombre d'abonnés sur les réseaux sociaux spécifiques aux États-Unis et améliorer la reconnaissance en ligne par des avis positifs et de mise en avant par des créateurs de contenu.

3. Stratégie

Monzo a ciblé des clients qui ont une appétence pour le web en offrant une expérience bancaire entièrement en ligne. Ils ont utilisé des stratégies de segmentation pour atteindre des clients potentiels à travers des publicités, des réseaux sociaux et des événements en direct.

4. Tactiques

Les tactiques incluaient le marketing d'influence, l'amélioration de l'expérience utilisateur en ligne, et l'organisation d'événements en direct dans des villes ciblées pour promouvoir leurs produits et construire une confiance directe avec les consommateurs.

5. Actions

Monzo a planifié des campagnes de marketing sur les réseaux sociaux, des mises à jour de sites web, et des collaborations avec des influenceurs, avec un budget et un calendrier définis pour chaque activité. Ils ont également envisagé des concours en ligne et des campagnes d'engagement pour augmenter l'interaction avec la marque.

6. Contrôle

Le suivi des performances via des indicateurs clés tels que le nombre de likes, de partages, et de mentions de la marque sur les réseaux sociaux, ainsi que le nombre de cartes de débit distribuées et les retours des clients après les événements étaient essentiels pour ajuster les stratégies en temps réel.

Monzo a ainsi utilisé efficacement le modèle SOSTAC pour structurer son plan marketing et s'assurer que chaque action contribue de manière mesurable aux objectifs globaux de l'entreprise lors de son expansion aux États-Unis.

Chapitre 15

Les « Pirates Metrics » AAARRR

Les métriques AAARRR, ou « Pirate Metrics », c'est un peu comme le plan de vol d'une startup cherchant à conquérir le ciel du digital (C'est beau ça !). Chaque étape est importante pour s'assurer que le voyage non seulement commence bien, mais continue à monter en altitude et à naviguer vers la prospérité.

Venant du Growth Hacking (On parlera du Growth Hacking plus tard, ne t'inquiète pas), cette stratégie est assez puissante, en plus d'être ma préférée…

Décortiquons AAARRR

1. Awareness

Le décollage - L'« Awareness » (que l'on pourrait traduire par « Conscience de l'existence de ton produit/service » dans ce contexte), c'est ton décollage. Avant tout, il faut que ta compagnie aérienne soit vue pour être connue.

2. Acquisition

L'embarquement des passagers – Une fois que les gens connaissent ta compagnie aérienne, comment fais tu pour les faire monter à bord de ton avion ? C'est le rôle de l'acquisition.

Pour une plateforme de gestion de projet, ça pourrait être une offre de 2 mois d'utilisation gratuite si l'utilisateur s'inscrit avant la fin du mois.

3. Activation

Le premier vol – L'activation se produit quand les passagers vivent leur première expérience de vol agréable.

Pour une application mobile de fitness, ça pourrait être l'enregistrement d'une première séance d'entraînement.

4. Rétention

Le programme de fidélité – La rétention implique de garder tes passagers à bord et de les faire voler à nouveau avec toi.

Un service de streaming pourrait offrir un mois

gratuit ou un contenu exclusif pour garder ses utilisateurs engagés.

5. Revenus

Des services plus élevés - Les « revenus » se manifestent quand les passagers non seulement volent régulièrement, mais paient aussi pour des services supplémentaires.

Une plateforme éducative en ligne pourrait introduire des certifications payantes pour monétiser son offre de cours gratuits.

6. Referral

Le programme de parrainage - Le dernier « R », le « referral » (que l'on pourrait traduire par « ambassadeur de ta marque » dans ce contexte), se réalise quand tes passagers actuels invitent d'autres connaissances à rejoindre ta compagnie aérienne.

Une plateforme de covoiturage, par exemple, pourrait motiver ses utilisateurs à inviter des amis en offrant des crédits de voyage pour chaque nouvelle inscription réussie.

🚀 Exemple d'entreprise : BlaBlaCar et l'utilisation de l'AAARRR

BlaBlaCar, la startup française qui permet de covoiturer facilement, a efficacement exploité le modèle AAARRR pour augmenter sa croissance et son engagement utilisateur.

Voici comment BlaBlaCar a appliqué chaque étape de ce modèle :

Awareness

Pour accroître la notoriété de la marque, BlaBlaCar a mis en œuvre des campagnes publicitaires à grande échelle et utilisé des tactiques de relations publiques efficaces, en s'appuyant sur les réseaux sociaux et des partenariats avec des événements pour atteindre un large public.

Ils ont également bénéficié d'une couverture médiatique étendue qui a aidé à promouvoir le concept de covoiturage comme une solution économique et écologique.

2. Acquisition

BlaBlaCar a optimisé son processus d'inscription pour être rapide et facile, ce qui a encouragé les nouveaux utilisateurs à s'engager sans friction.

Ils ont proposé des promotions et des offres spéciales pour convertir les visiteurs intéressés en utilisateurs actifs de la plateforme.

3. Activation

Pour assurer une activation réussie, BlaBlaCar a mis l'accent sur une première expérience utilisateur positive. L'interface de la plateforme est intuitive et permet aux utilisateurs de trouver et de réserver un covoiturage facilement dès leur première visite.

4. Rétention

Afin de fidéliser ses utilisateurs, BlaBlaCar propose des fonctionnalités attrayantes comme le suivi en temps réel des trajets, des évaluations des conducteurs et des récompenses pour les utilisateurs réguliers.

Ils offrent également un service clientèle réactif pour résoudre rapidement tout problème rencontré par les utilisateurs.

5. Revenus

Le modèle économique de BlaBlaCar repose sur une commission prélevée sur chaque transaction réalisée sur la plateforme.

En plus de ça, ils ont développé des services supplémentaires payants, comme des options de réservation plus flexibles et des assurances voyage.

6. Referral

Le programme de parrainage de BlaBlaCar encourage les utilisateurs actuels à recommander le service à leur entourage.

Des incitations, telles que des bonus financiers pour chaque nouveau membre parrainé qui complète un trajet, permettent de pérenniser le principe du bouche-à-oreille.

Chapitre 16

RACE Framework

Le modèle RACE (ou «RACE Framework» en anglais, développé par Dave Chaffey, se concentre sur quatre étapes essentielles du parcours client : Reach, Act, Convert, Engage.

Ce modèle aide les entreprises à structurer efficacement leurs activités marketing en ligne, en couvrant tout, de la sensibilisation à la fidélisation.

Décortiquons RACE

1. Reach

Cette première étape vise à construire la notoriété de ta marque et à attirer les visiteurs.

Pour une startup spécialisée dans le e-commerce, ça pourrait vouloir dire utiliser le SEO et la publicité en ligne pour augmenter le trafic vers son site web.

2. Act

Il s'agit d'inciter les visiteurs à interagir avec ta marque, ce qui peut inclure s'abonner à une newsletter ou partager du contenu sur les réseaux sociaux.

Une start-up de vente de vêtements en ligne pourrait utiliser une bannière sur son site web afin d'encourager à l'inscription de leur newsletter pour permettre à leur futur(e) client(e) d'avoir une réduction de 20 % sur leur premier achat.

3. Convert

La conversion de l'interaction en ventes réelles est l'une des étapes les plus importantes.

Une startup qui a un logiciel SAAS («Software as a Service» : permet d'utiliser un logiciel via internet) peut offrir des démonstrations gratuites de son produit pour convertir les prospects en clients.

4. Engage

La dernière étape consiste à développer des

relations à long terme avec les clients en les encourageant à devenir des ambassadeurs de la marque tout en s'assurant de leur fidélité.

Une marque de mode pourrait mettre en avant un programme de parrainage où chaque cliente qui en ramène une autre aurait une réduction sur son prochain achat. Cet achat lui permettrait de cumuler des points qui lui offriraient, à terme, une réduction encore plus intéressante.

Chapitre 17
Les 5S de Chaffey

Le modèle des 5S, développé par Dave Chaffey, est un outil stratégique qui guide les entreprises, dans l'optimisation de leur présence en ligne.

Les 5S (Sell, Serve, Speak, Save, et Sizzle) couvrent les principaux objectifs que les entreprises devraient viser sur le web.

À la différence des autres stratégies parcourues précédemment, celle-ci n'a pas forcément d'ordre chronologique dans le parcours de ton prospect/client.

Décortiquons les 5S de Chaffey

Sell

C'est l'objectif direct de générer des ventes à travers le site web. Ça peut impliquer l'optimisation des pages de produits, l'amélioration du panier d'achat, l'intégration de systèmes de paiement efficaces pour faciliter l'expérience d'achat en ligne, etc

Serve

Cet objectif concerne l'amélioration du service client et l'ajout de valeur aux interactions que tu peux avoir avec ton client.

Ça peut être réalisé par l'automatisation du service client, l'offre de contenu utile et informatif, la mise à disposition de ressources en libre-service comme les F.A.Q, etc.

Une startup technologique pourrait déployer un chatbot intelligent sur son site web pour fournir des réponses instantanées aux questions fréquentes, ce qui pourrait améliorer l'efficacité du service client.

Speak

Là, il s'agit plutôt de parler directement aux clients et de bâtir des relations fortes. Les entreprises utilisent les réseaux sociaux, les blogs et les newsletters pour communiquer directement avec leur audience, recevoir des feedbacks et maintenir l'engagement.

Une entreprise dans la mode pourrait utiliser Instagram pour dialoguer régulièrement avec sa communauté, organiser des sondages et des concours pour renforcer l'engagement et recueillir des avis sur de futurs produits.

Save

Ou «économiser» en français. L'objectif est de réduire les coûts grâce à l'efficacité des technologies d'aujourd'hui. L'automatisation des processus, les solutions cloud pour stocker les données, etc sont des exemples de la manière dont les entreprises peuvent réduire leurs dépenses

Sizzle

On pourrait traduire «sizzle» par «rayonner». Le but est de créer un contenu excitant et mémorable qui renforce la marque.

Utiliser des éléments visuels attrayants, des campagnes de marketing viral, et des histoires captivantes peut aider à établir une présence de marque forte et reconnaissable.

Une petite entreprise dans le secteur des boissons pourrait lancer une campagne de vidéos virales montrant des célébrités qui utilisent leurs produits dans des contextes festifs, ce qui pourrait générer du buzz et augmenter la visibilité de la marque.

Chapitre 18
Le Consumer Decision Journey de McKinsey

Le « Consumer Decision Journey » de McKinsey est un modèle qui redéfinit le parcours client moderne à travers les différentes phases de décision d'achat.

Ce modèle est essentiel pour les entreprises car il aide à comprendre et à influencer le comportement des consommateurs à chaque étape de leur expérience avec une marque, un service ou un produit. Voici une vue plus détaillée dans chaque phase de ce parcours.

Décortiquons le Consumer Decision Journey

1. Prise de conscience initiale

La prise de conscience initiale est la phase où un consommateur reconnaît pour la première fois un besoin ou un désir, ce qui le met en contact avec diverses marques qui pourraient combler ce besoin. Pour une entreprise, se rendre visible à cette étape est crucial.

Par exemple, une startup spécialisée dans les

produits éco-responsables pourrait mettre en place une stratégie SEO puissante pour faire connaître sa marque, sensibiliser et éduquer son public sur ses offres durables.

Ce point là est similaire au premier A («Awareness») du modèle des Pirates Metrics AAARRR que l'on a vu peu avant.

2. Évaluation active

Durant la phase d'évaluation active, le consommateur évalue différentes options avant de prendre une décision d'achat. Ici, la qualité du contenu fourni par la marque et la façon dont elle répond aux questions et préoccupations des consommateurs peuvent faire toute la différence.

Une entreprise dans la «Fintech» («technologie financière») pourrait mettre en œuvre des outils de comparaison en ligne pour aider les utilisateurs à évaluer ses services par rapport à ceux des concurrents.

3. Moment de l'achat

Tu l'auras deviné, le moment de l'achat est le moment où le consommateur passe à l'acte d'achat. Pour optimiser cette étape, les entreprises doivent simplifier au maximum le processus d'achat.

Une jeune TPE dans la mode pourrait installer un bouton «Achat rapide» qui permet aux clients d'acheter instantanément avec PayPal ou Apple Pay, directement depuis la page du produit.

4. Expérience post-achat

L'expérience post-achat influence fortement la fidélisation du client et sa décision de devenir un ambassadeur de ta marque.

Une startup de services informatiques, par exemple, pourrait mettre en place un service client exceptionnel pour améliorer cette expérience.

5. Fidélité

Si l'expérience est positive ou s'améliore au fur et à mesure, elle peut mener à une fidélité répétée.

Comme nous l'avons déjà vu dans plusieurs

stratégies auparavant, le fait de fidéliser le client est la base d'une croissance stable, que ce soit par le fait de récompenser les utilisateurs engagés par des distinctions ou des réductions.

Chapitre 19
La stratégie Océan Bleu

La stratégie Océan Bleu, conceptualisée par W. Chan Kim et Renée Mauborgne, est une approche de stratégie d'entreprise qui vise à créer de nouveaux espaces de marché avec pas ou peu de concurrence, appelés « océans bleus », plutôt que de se battre avec les concurrents sur des marchés existants, appelés « océans rouges ».

Cette stratégie est particulièrement pertinente pour les entreprises cherchant à innover et à se démarquer dans des secteurs saturés…

Ici, nous parlons de manière succincte de cette stratégie très connue, le but étant d'évoquer son existence. Je t'encourage vivement à lire le livre du même nom si tu veux creuser ce concept.

Création de la demande dans un marché sans concurrence

L'objectif principal de la création de marchés sans concurrence est de rendre la compétition avec ses concurrents sans intérêt en créant un nouveau marché. Ça implique d'identifier et de résoudre un problème unique que les solutions existantes ne traitent pas déjà.

Innovation de Valeur

Le deuxième pilier, l'innovation de valeur, consiste à innover de manière à combiner différenciation et faible coût pour l'entreprise. L'objectif est de créer une proposition de valeur tellement forte qu'elle attire une large base de nouveaux clients.

Dépassement des frontières du marché existant

Les entreprises doivent chercher à dépasser les limites des marchés existants pour trouver de nouveaux espaces. Ça peut signifier s'adresser à des groupes démographiques qui étaient ignorés jusqu'à présent ou proposer des solutions dans des industries où les besoins ne sont pas encore satisfaits.

🔭 Mise en situation : repas livrés sains et durables

Si tu es dans la livraison de repas, tu pourrais te concentrer exclusivement sur des repas sains et durables avec des produits comestibles mais impropres à la consommation. Ça attirait potentiellement des consommateurs soucieux de l'environnement et de leur santé avec un coût financier très réduit.

Chapitre 20
Le modèle Lean StartUp

Le modèle Lean Startup, également très connu et popularisé par Eric Ries, est une approche qui aide les startups à opérer de manière plus agile et adaptative dans le développement de produits ou services. Ce modèle est basé sur un cycle de développement rapide et une écoute attentive du marché.

Nous allons analyser comment les startups peuvent utiliser ce modèle à travers ses deux principes fondamentaux : la boucle Construire - Mesurer - Apprendre et le choix entre Pivot et Persévérance.

Comme pour la stratégie Océan Bleu, je t'encourage à lire le livre d'Eric Ries, « Lean Startup : adaptez l'innovation continue ».

Construire, Mesurer, Apprendre : la boucle itérative

La boucle Construire, Mesurer, Apprendre est le cœur du modèle Lean Startup. Elle est conçue pour accélérer le processus d'apprentissage sur ce qui fonctionne et ce qui ne fonctionne pas.

1. Construire

Commence par construire un Minimum Viable Product (MVP) – la version la plus basique de l'idée de ton produit/service qui permettra de commencer à tester ton projet auprès de tes futurs utilisateurs.

Pour te définir ce qu'est vraiment un MVP, prenons cette métaphore. Si l'on souhaite construire un véhicule qui se déplace d'un point A à un point B, plutôt que de construire directement une voiture, nous allons :

- Construire un skateboard.

- Puis pour tourner, nous allons ajouter un guidon : ce qui donnera une trottinette.

- Puis pour aller plus vite, nous allons ajouter un système de pédalier : le vélo est né.

- Puis pour aller plus vite sans effort : on enlève les pédales et on met un moteur : tu l'as ? Oui, c'est une moto !

- Puis, nous voulons transporter plus de personnes donc mettons 4 roues : on vient d'inventer la voiture !

L'exemple classique est celui de Dropbox, qui a commencé avec une simple vidéo décrivant le fonctionnement du produit prévu pour voir si les utilisateurs seraient intéressés avant même de construire le produit complet.

2. Mesurer

Une fois le MVP lancé, il est primordial de mesurer comment tes clients l'utilisent. Ça implique de collecter des données sur le comportement des utilisateurs, les retours d'expérience, et d'autres métriques pertinentes.

Les groupes de test, les outils d'analyse en ligne et les sondages clients sont souvent utilisés à cette étape pour obtenir des données précises et actionnables.

3. Apprendre

Avec les données en main, l'entreprise doit apprendre de ses observations et décider de la prochaine étape. Ça peut signifier de faire des ajustements sur le produit, de changer certaines fonctionnalités, ou même de reconsidérer l'offre entière basée sur les retours des clients.

Les 3 premières parties (Construire, Mesurer, Apprendre) du modèle Lean Startup vont souvent de pair avec le concept de Design Thinking et la méthode Agile dont je parlerais dans un autre livre.

Pivot ou Persévérance : ajuster ou continuer sur la trajectoire

La décision de «**Pivot ou Persévérance**» est une autre étape critique dans le modèle Lean Startup. Après avoir évalué les données et les apprentissages de la boucle itérative, les startups doivent décider si elles pivotent ou continuent sur leur trajectoire.

Pivot

Si les données montrent que les objectifs commerciaux ne sont pas atteints ou que le marché n'est pas réceptif comme prévu, il peut être nécessaire de pivoter. Ça signifie faire un changement fondamental dans la stratégie sans tout jeter.

Un exemple célèbre est Twitter, qui a pivoté d'Odeo, une plateforme de diffusion de podcasts, après avoir reconnu la croissance explosive et l'engagement autour du « microblogging ».

Persévérance

Si les retours et les données montrent que tu es sur la bonne voie, alors la stratégie de persévérance s'impose.

Ça implique d'améliorer et d'optimiser l'offre actuelle pour mieux répondre aux besoins des clients et pousser la croissance.

🚀 Exemple d'entreprise : Airbnb et la méthode Lean Startup

Airbnb a adopté la méthode Lean Startup dès ses débuts, en commençant par une idée simple : permettre aux fondateurs, Brian Chesky et Joe Gebbia, de louer des matelas gonflables dans leur appartement à San Francisco.

Cette initiative initiale servait de produit viable minimal (MVP) pour tester l'intérêt du marché.

Définition du problème

Les fondateurs ont identifié un problème clair : le manque d'options d'hébergement abordables lors des grandes conférences dans certaines villes.

Mise en place du MVP

Le MVP était simple : un site web basique permettant aux visiteurs de réserver un espace pour dormir sur un matelas gonflable.

Mesure et apprentissage

À travers leur MVP, ils ont pu recueillir des commentaires précieux et mieux comprendre les besoins et les préférences des utilisateurs.

Itération rapide

En intégrant les retours des utilisateurs, Airbnb a rapidement évolué pour inclure des options de location de logements entiers, transformant ainsi une petite idée en une marketplace mondiale.

5. Expansion et ajustement

La plateforme a continué à s'adapter et à se développer en ajoutant de nouvelles fonctionnalités et en améliorant l'expérience utilisateur, contribuant à son expansion mondiale dans plus de 190 pays.

Airbnb est désormais un acteur dominant du marché de l'hébergement, illustrant comment un simple MVP peut évoluer en une entreprise prospère grâce à des itérations rapides et une attention constante aux retours des utilisateurs.

Il n'y a pas de « meilleure » stratégie digitale

Garde à l'esprit que l'essentiel n'est pas de choisir le « meilleur » modèle, mais celui qui s'aligne le mieux avec tes objectifs, tes moyens, ta culture d'entreprise et les besoins spécifiques de ton marché.

En attendant, réfléchis à comment ces stratégies pourraient s'intégrer dans le cadre de ce que tu as déjà appris sur le neuromarketing, le branding, et la création de persona.

Dans la prochaine section, nous allons voir de quelles « armes digitales » tu disposes pour aller à la guerre de ton marché.

Partie IV

Les différents leviers du marketing digital

Dans la partie précédente, on a pu voir les différentes stratégies digitales qui existent afin d'avoir un plan pour partir gravir la montagne du succès (ne me remerciez pas pour cette sublime métaphore…).

Mais maintenant, il faut le matériel adéquat ! Bien sûr que l'on pourrait tout mettre dans notre sac à dos histoire de ne pas prendre de risques mais on n'irait pas bien vite et on se fatiguerait rapidement…

Il est important de choisir le bon matériel en fonction du temps que l'on a, les ressources (financières ou humaines) et le type de terrain (tu auras compris que je parle de l'activité de ton entreprise).

Inbound marketing vs. Outbound marketing : les deux visages du marketing digital

En marketing digital, deux camps se distinguent : l'inbound marketing et l'outbound marketing.

L'inbound marketing, c'est la stratégie du pot de miel : attire tes futurs utilisateurs avec du contenu de qualité, des techniques SEO et une présence engageante sur les réseaux sociaux.

Un travail de longue haleine mais qui permet de bâtir une confiance durable avec tes personas

De l'autre côté, l'outbound marketing, c'est le mégaphone : tu vas vers le client avec tes publicités, emails et autres types de prospection. C'est rapide, direct et idéal pour des résultats immédiats, mais attention, ça peut coûter cher et agacer ton public si c'est mal dosé.

En résumé, choisir entre inbound et outbound, c'est un peu comme choisir entre une stratégie douce sur le long terme et une approche directe.

Le meilleur plan ? Un mix des deux, adapté à tes objectifs et à ton budget.

Les leviers du marketing digital

Avant de rentrer un peu plus en détails dans chacun d'entre eux, voici une vue d'ensemble des différents leviers du marketing digital dont nous allons parler.

Growth Hacking

Ce nom un peu fourre-tout définit la volonté de trouver des solutions efficaces pour acquérir rapidement des clients ou des leads.

On peut définir le Growth Hacking par un subtil mélange de neuromarketing, de créativité, d'outils, et d'automatisation.

Stratégies de content marketing

Le content marketing (ou «Marketing de contenu» en français) te permet de raconter ton histoire et d'engager ton audience.

SEO (Optimisation pour les moteurs de recherche)

Le SEO, c'est l'art de parler doucement à l'oreille de Google.

On parle ici d'optimiser ton site et ton contenu pour que Google t'aime un peu plus chaque jour et te montre à tous ceux qui cherchent ce que tu proposes. Il va souvent de paire avec le marketing de contenu.

Community Management

Facebook, Instagram, LinkedIn, TikTok… les réseaux sociaux sont les nouvelles places publiques.

Savoir jouer avec les algorithmes pour engager ta communauté, c'est essentiel. Il va également souvent de paire avec le marketing de contenu.

Publicité en ligne (SEA et SMA)

Tu as sûrement déjà entendu parler du SEA, le cousin payant du SEO, qui place des annonces ciblées sur les moteurs de recherche comme Google (Le fameux Google Ads) ?

De son côté, le SMA s'occupe de diffuser de la publicité sur les réseaux sociaux, comme Facebook (Renommé Meta depuis) Ads . Utilisés de manière pertinente, ces outils peuvent t'aider à propulser rapidement ton activité ou, sans une stratégie et des compétences solides, devenir de véritables gouffres financiers.

Email Marketing

L'email n'est pas mort ! C'est l'un des outils les plus puissants pour convertir et fidéliser.

Une bonne campagne d'emailing, c'est un peu

comme envoyer une lettre d'amour à tes clients : tu dois être captivant, personnel et surtout utile.

Choix du CMS pour ton site web

Ton CMS (système de gestion de contenu), c'est la base de ta présence en ligne.

WordPress, Shopify pour du e-commerce, ou même des solutions sur mesure… Choisir le bon CMS, c'est choisir comment tu construis ta maison en ligne.

Utilisation des données et analytics

Dans le digital, tout est mesurable et tout doit être mesuré.

Savoir lire les données, c'est comprendre ce que veulent tes utilisateurs, comment ils se comportent et comment tu peux mieux répondre à leurs attentes.

Partenariats et collaborations

Collaborer avec d'autres marques ou

influenceurs peut amplifier ta portée et te donner accès à de nouveaux marchés.

Quand je parle d'influenceurs dans ce livre, je ne parle pas des « Anges de la téléréalité » mais bien de créateurs de contenu qui ont une certaine autorité dans leur domaine.

L'impact de l'intelligence artificielle sur le marketing digital

L'intelligence artificielle (IA) révolutionne le marketing digital en permettant aux petites entreprises de gagner du temps.

Ça permet l'optimisation de l'engagement client et de l'efficacité des campagnes, bien que son implémentation puisse être coûteuse et/ou complexe.

Voilà un petit tour d'horizon de ce que nous allons explorer. Ces leviers ne sont pas juste des outils, mais des compagnons de route pour ton entreprise.

Bien les comprendre et les maîtriser peut réellement transformer ton business.

Chapitre 21
Le Growth Hacking

Le Growth Hacking, ça n'est pas juste une mode passagère dans le monde du marketing digital ; c'est une nécessité vitale pour les startups qui cherchent à se démarquer dans un océan de concurrence.

Cette approche repose sur la créativité, l'analytique et l'utilisation astucieuse d'outils à disposition pour obtenir une croissance rapide (avec des ressources souvent limitées pour les entreprises qui débutent).

Principes fondamentaux du Growth Hacking

1. Exploitation des données

Tout commence par une compréhension approfondie des données. Chaque interaction utilisateur, chaque clic et chaque conversion sont des données précieuses qui t'aident à peaufiner et optimiser tes actions.

2. Intégration produit-marketing

Le produit lui-même est conçu pour promouvoir et vendre. Chaque fonctionnalité est pensée pour maximiser l'engagement et la conversion. Par exemple, Slack a grandi en rendant son produit indispensable à travers la communication interne des équipes dans les entreprises.

3. Expérimentation continue

Le cycle d'itération rapide est très important. Chaque hypothèse est testée, les résultats mesurés, les leçons tirées, et les stratégies ajustées en conséquence. C'est un processus d'amélioration continue pour maximiser l'efficacité des efforts de croissance.

En Growth Hacking, on teste vite afin d'avoir des retours le plus rapidement possible.

Techniques de Growth Hacking

Platform Hacking

Exploiter les plateformes existantes pour gagner en visibilité et en utilisateurs.

Le fameux hack de Airbnb sur Craigslist en est un exemple classique, où ils ont permis aux utilisateurs d'Airbnb de poster automatiquement leurs annonces sur Craigslist (sorte de «Le Bon Coin» très connu aux États-Unis).

Automatisation et Scraping

En Growth Hacking, il faut aller vite, automatiser des processus afin qu'ils soient déployés à grande échelle.

Mais pour automatiser des processus et atteindre les personnes ou entreprises que l'on souhaite, il faut des données. Le «scrapping» consiste à extraire des données de sites web de manière automatisée, parfois avec plus ou moins de légalité...

Utilisation de LinkedIn Sales Navigator et du Growth Hacking

Cet outil puissant (quoiqu'assez cher...) de LinkedIn permet de trouver et cibler précisément tes prospects sur le réseau social.

Couplage avec des outils de Growth Hacking

Sales Navigator peut être combiné avec des outils de Growth Hacking pour automatiser et optimiser ta stratégie de prospection sur LinkedIn. Des outils comme LinkedIn Helper 2, La Growth Machine ou Walaaxy peuvent automatiser l'envoi de demandes de connexion et de messages tout en intégrant des scénarios de relance.

Précautions avec les outils automatisés et LinkedIn

LinkedIn a des politiques strictes contre le scrapping de données et l'utilisation abusive de l'automatisation, qui peuvent entraîner des restrictions ou la suspension de ton compte. Il est très important d'utiliser ces outils de manière réfléchie sous peine de te faire suspendre ton compte, ce qui serait dommage...

Les outils du Growth Hacker

- **Intercom, LiveAgent, tawk.to** : idéal pour l'engagement utilisateur grâce à des messages personnalisés basés sur le comportement de l'utilisateur.

- **Segment, Looker Studio** : centralise la collecte de données pour une meilleure analyse visualisation.

- **KISSmetrics, MixPanel, Google Analytics, Matomo** : suivi des parcours individuels des utilisateurs pour optimiser les conversions.

- **A/B Tasty** : permet des tests A/B solides pour déterminer les stratégies marketing les plus efficaces.

- **BuzzSumo** : analyse de contenu pour maximiser la portée et l'engagement.

- **Mailchimp, Brevo, Lemlist, Sarbacane, etc** : permet la gestion des campagnes d'emailing avec la création de scénarios personalisés

- **Hotjar, Plerdy** : permet de visualiser le comportement des utilisateurs sur ton site pour optimiser l'expérience de tes visiteurs et augmenter ton taux de conversion.

- **Phantombuster, Octoparse** : outils qui

permettent d'automatiser l'extraction de données et/ou d'automatisation d'actions (surtout pour PhantomBuster) de plateformes sociales ou sites web.

- **Waalaxy, La Growth Machine, Linked Helper 2** : permet d'automatiser la prospection digitale de manière ciblée notamment sur LinkedIn.

- **Zapier, Make, n8n** : outils d'automatisation qui permettent de faire « la passerelle » entre plusieurs outils.

- **Buffer, Hootsuite** : outils 360° dédiés à la gestion des réseaux sociaux.

- Et bien d'autres...

Pour conclure sur le Growth Hacking

Le principal avantage du Growth Hacking est sa capacité à générer une croissance rapide avec des budgets marketing réduits. Le Growth Hacking se distingue également par sa multitude d'outils comme on a pu le voir ci-dessus.

Cependant, cette approche peut aussi mener à une saturation rapide du marché si elle n'est pas gérée avec prudence. En gros, tu risques rapidement de « soûler » ton auditoire si tu fais n'importe quoi…

Pour les startups et jeunes entreprises, maîtriser le Growth Hacking peut être le facteur décisif entre un décollage réussi et un échec.

Tu l'auras compris, le Growth Hacking n'est pas juste une suite de trucs et astuces ; c'est une philosophie et une pratique qui repose sur la croissance à tout prix, tout en restant agile et réactif aux données et aux feedbacks des utilisateurs.

J'ai bien conscience que ce sujet mérite que l'on s'y attarde bien plus. Fais-moi savoir si tu désires un livre entier sur le Growth Hacking.

Chapitre 22
Le content marketing

Cette stratégie, bien plus qu'un beau montage photo réalisé sur Canva, est une approche globale qui te permet d'asseoir ton image de marque mais également qui engage, informe et convertit tes personas en clients fidèles, tout en établissant l'autorité de ta marque sur le marché.

Types de contenu pertinents

Comme pour la partie sur les stratégies digitales, à toi d'identifier selon tes personas et ton cœur d'activité ce qui est le plus pertinent pour toi.

Guides détaillés et tutoriels

Ces ressources approfondies peuvent servir de référence pour les utilisateurs et positionnent ton entreprise en tant qu'autorité dans ton domaine.

Ça permet de montrer que tu es un expert sur ton sujet et ça rassure tes prospects tout en leur apportant une valeur ajoutée.

Vidéos

En utilisant des vidéos, tu peux expliquer des processus complexes ou présenter ton produit/service de manière engageante.

Les vidéos sont particulièrement efficaces pour augmenter le temps passé sur le site et améliorer le taux de rétention de tes visiteurs.

Infographies

Elles permettent de distiller des informations complexes en un format visuel attrayant, idéal pour les partages sur les réseaux sociaux et pour augmenter ta visibilité. Les infographies sont sous-cotées alors qu'elles sont assez puissantes.

Podcasts

Format en croissance, le podcast permet d'atteindre une audience lors de moments où les autres types de contenu sont moins consommables, comme pendant les trajets ou en faisant du sport.

Webinaires

Parfaits pour l'éducation et l'interaction directe avec le public, les webinaires peuvent également être utilisés pour générer des leads en offrant un contenu à haute valeur ajoutée.

Newsletters

Elles permettent de maintenir un contact régulier avec ton audience, en fournissant des mises à jour, des contenus exclusifs ou des offres spéciales que tes abonnés reçoivent périodiquement par mail.

Études de cas et témoignages

Ils montrent de manière concrète comment tes produits ou services ont aidé d'autres clients, augmentant ainsi la crédibilité et la confiance envers ta marque (privilégie le format vidéo). C'est l'un des types de contenu les plus puissants. Fais bien sûr en sorte que ces témoignages soient réels.

Livres blancs et rapports de recherche

Ces documents sont essentiels pour partager des insights approfondis et des données de recherche dans le but d'attirer un public professionnel et spécialisé.

Astuces pratiques

Lead Magnets («Aimant à prospects» en français)

Crée des offres de contenu de haute valeur, comme des ebooks ou des webinaires, que tu peux offrir en échange de leads, principalement pour obtenir des adresses mails.

Transcripts

Augmente la portée de tes podcasts et vidéos en exportant les transcriptions, ce qui améliore également le SEO en intégrant naturellement des mots-clés pertinents.

Les outils pour créer du marketing de contenu de qualité

- **Canva** : pour tous tes besoins de design, de l'infographie à la conception de couvertures d'ebooks. On peut parler de Canva mais il existe un nombre incalculable d'outils qui te permettent de faire du montage vidéo, du sous-titrage, etc, des contenus engageants. Je te laisse faire tes propres recherches.

- **Mailchimp, Lemlist, Mailchimp, Sarbacane** : puissant pour la gestion de tes newsletters.

- **Buffer, Hootsuite** : planifie et publie ton contenu sur divers réseaux sociaux pour maximiser l'engagement.

Pour conclure sur le content marketing

Le content marketing permet à ton entreprise de se positionner comme un leader dans ton domaine, créant ainsi un lien durable avec ton audience. Il se couple naturellement avec d'autres leviers présents dans ce bouquin, notamment le community management, le SEO ou encore le Growth Hacking.

Chapitre 23
Le SEO

On l'appelle SEO (Search Engine Optimization), «référencement naturel», «référencement organique» ou encore «optimisation pour les moteurs de recherches» mais la finalité reste la même : fais en sorte que ton site web soit le mieux positionné sur les moteurs de recherches et notamment sur Google qui représente à lui seul plus de 90 % de l'ensemble des recherches mondiales sur le web.

Mais bien être positionné ne veut pas dire grand-chose.. On parle bien sûr d'être positionné sur des requêtes en rapport direct avec ton entreprise, et si possible dans les 3 premières positions qui entraînent à elles seules plus de 50 % des clics des visiteurs.

Une stratégie SEO cohérente et bien conçue peut transformer ta présence digitale en attirant naturellement un trafic qualifié et durable…

Les bonnes pratiques du SEO

Recherche de mots-clés approfondie

Utilise des outils comme Google Keyword Planner, Ahrefs, Uber Suggest ou SEMrush pour identifier les termes de recherche les plus pertinents pour ton audience.

Analyse non seulement le volume de recherche mais aussi l'intention derrière les requêtes (Informationnel/Transactionnel/Navigationnel/Commerciale) pour cibler efficacement quel contenu créer.

Intégration stratégique des mots-clés

Une fois ce travail fait, intègre tes mots-clés dans les titres, les sous-titres, les méta descriptions, les attributs alt des images, et bien sûr dans le corps du texte. Respecte une densité de mots-clés qui maintient la lisibilité de ton contenu (ne dépasse pas 2 à 3%) tout en l'optimisant pour les moteurs de recherche.

Optimisation technique

Assure-toi que ton site soit techniquement optimisé pour le SEO, ce qui inclut une structure d'URL propre, une vitesse de chargement rapide, un sitemap XML pour faciliter l'indexation et un site responsive adapté aux mobiles.

Contenu de qualité

Produis régulièrement du contenu frais, pertinent et de haute qualité qui répond aux besoins de ton audience. Google favorise les contenus qui engagent les utilisateurs et les incitent à interagir avec ton site.

Expérience utilisateur (UX)

Une navigation intuitive, un design qui donne envie, et une structure de site bien organisée, c'est la base pour retenir tes visiteurs et réduire le taux de rebond (personne qui quitte ton site immédiatement après son arrivée), ce qui peut influencer positivement ou négativement ton classement SEO.

Création de backlinks (liens entrants)

Les backlinks, ou liens entrants, sont des liens provenant d'autres sites web qui pointent vers le tien. Ils sont cruciaux pour le SEO car ils sont perçus par les moteurs de recherche comme des « preuves de confiance » envers ton contenu.

On en parle plus en détails juste après.

Optimisation On-Page (à faire directement sur les pages de ton site web)

Balises titre et méta descriptions

Ces éléments doivent non seulement contenir des mots-clés mais aussi inciter au clic, car ils sont souvent la première interaction d'un utilisateur avec ton contenu sur les pages de résultats de recherche.

Optimisation des images

Utilise des images légères avec des fichiers optimisés pour le web (notamment le format .webp). N'oublie pas d'inclure des mots-clés dans les attributs alt des images pour améliorer à la fois l'accessibilité et le SEO.

Utilisation de Schema Markup

Ce modèle de données structurées permet aux moteurs de recherche de mieux comprendre le contenu de tes pages et peut améliorer la façon dont celles-ci sont affichées dans les résultats de recherche.

Les Backlinks

Fonctionnement des backlinks

Lorsqu'un site web fait référence à ton site et y ajoute un lien qui pointe vers ton propre site internet, il crée se qu'on appelle un «backlink». Les moteurs de recherche tels que Google utilisent ces liens pour comprendre la pertinence et l'autorité de ton site.

Ils examinent non seulement le nombre de backlinks pointant vers ton site mais aussi et surtout la qualité des sites qui créent ces liens. Les liens provenant de sites reconnus et pertinents dans ton secteur ont logiquement plus de poids.

Importance des backlinks

Les backlinks aident à améliorer le classement naturel de ton site et à augmenter sa visibilité. Un bon profil de backlinks peut également conduire à une augmentation du trafic web, car les liens depuis d'autres sites peuvent amener directement des visiteurs sur ton site.

Pour maximiser l'efficacité des backlinks, il est

essentiel de se concentrer sur la création de liens de qualité plutôt que sur la quantité. Les pratiques de création de liens de faible qualité ou artificiels peuvent être pénalisées par Google.

Voici différentes stratégies pour obtenir des backlinks :

Contenu de qualité

Crée des contenus qui apportent une valeur ajoutée. Ça incitera naturellement les autres sites web à parler du tien.

Démarchage

Contacte des influenceurs, des blogueurs et d'autres sites web pertinents pour leur faire découvrir ton contenu qui pourrait les intéresser.

Partenariats et collaborations

Essaye de créer des partenariats avec d'autres marques ou blogs pour échanger des liens et du contenu.

Communiqués de presse et publications

Utilise les communiqués de presse et les articles invités pour obtenir des backlinks depuis des sites d'actualités ou des blogs ayant une forte autorité dans ton secteur d'activité.

Achat de liens

Des plateformes comme netlinking.fr ou Linkuma proposent des achats de liens pointant vers ton site web. Renseigne-toi bien sur la qualité de ces liens avant de les acheter.

Les outils pour optimiser et surveiller le référencement naturel de ton site web

Il existe ces centaines d'outils SEO. À toi de faire ton choix en fonction de ton besoin et de ton budget. En voici quelques-uns :

- **Semrush** : l'une des plateformes les plus connues, incluant des fonctionnalités de recherche de mots-clés, d'analyse concurrentielle et d'audit de site.

- **Ubersuggest** : outil de Neil Patel qui aide à

générer des idées de mots-clés et offre des insights sur le volume de recherche, la concurrence, et les tendances SEO.

- **Monitorank** : outil spécialisé dans le suivi du positionnement de tes mots-clés sur différentes plateformes comme Google, Amazon, YouTube, etc.

- **Ahrefs** : ensemble d'outils pour l'analyse des backlinks et du SEO, très prisé pour l'analyse de la concurrence et le suivi de positionnement.

- **Majestic SEO** : outil réputé pour son large index de backlinks et ses métriques telles que le Trust Flow et le Citation Flow.

- **Google Search Console** : service gratuit de Google qui aide les propriétaires de site web à surveiller et maintenir la présence de leur site dans les résultats de recherche Google.

- **Moz Pro** : suite d'outils qui fournit des données sur les mots-clés, les backlinks, l'audit de site, et des suggestions d'optimisation.

- **Yoast SEO** : plugin pour WordPress qui aide à optimiser les aspects techniques et rédactionnels du contenu afin d'améliorer le SEO de tes pages web.

- **Screaming Frog SEO Spider** : logiciel qui crawl

les sites web pour collecter des données essentielles pour l'analyse et l'audit SEO.

- **BuzzSumo** : outil qui permet de découvrir les contenus les plus partagés sur les réseaux sociaux et d'identifier les influenceurs dans des niches spécifiques.

- **KWFinder** : outil de recherche de mots-clés.

- **1SEOquake** : extension gratuite pour navigateur qui offre des métriques SEO pour n'importe quelle page web.

- **SERPstat** : plateforme d'analyse SEO et PPC qui offre des fonctionnalités de recherche de mots-clés, d'analyse de la concurrence et d'audit de sites.

- **SpyFu** : outil spécialisé dans l'analyse des stratégies de recherche payante (PPC) et organique (SEO) des concurrents.

- **WooRank** : outil d'analyse de sites web et de SEO qui évalue la façon dont un site peut être amélioré pour le référencement.

- **DeepCrawl** : outil de crawl avancé qui aide les entreprises à détecter et à corriger les problèmes techniques de leur site web.

- **SEO PowerSuite** : suite d'outils qui inclut des fonctionnalités de suivi de position, d'audit de site, de recherche de backlinks, et d'analyse de mots-clés.

- **Cognitive SEO** : un outil qui fournit une analyse détaillée des backlinks, des performances de contenu et des alertes pour les changements de position.

- **Rank Math** : plugin SEO pour WordPress qui fournit des outils pour optimiser le contenu et suivre les mots-clés (concurrent de Yoast SEO).

- **Sitechecker** : outil en ligne qui offre un audit de site web, un suivi du positionnement des mots-clés et des contrôles de santé SEO réguliers.

Pour conclure sur le SEO

Le SEO a une meilleure rentabilité à long terme par rapport à la publicité payante.

Il permet également de cibler efficacement le trafic, atteignant tes utilisateurs précisément lorsqu'ils recherchent ce que propose ton entreprise.

Cependant, le SEO présente également des désavantages comme le temps d'attente nécessaire pour observer des résultats concrets, souvent de plusieurs mois, ou encore la volatilité du travail effectué causée par les mises à jour des algorithmes de Google.

Malgré ces limitations, une stratégie SEO bien élaborée est indispensable pour maximiser la visibilité en ligne et attirer un trafic qualifié.

Chapitre 24
Le Community Management

Imagine un jongleur qui manipule habilement des conversations, des interactions, et des contenus sur Instagram, Facebook, TikTok, et LinkedIn. Voilà ce qu'est un(e) community manager : le chef d'orchestre des communautés en ligne qui se trouvent actuellement principalement sur les réseaux sociaux.

Ce rôle est un croisement entre la gestion de communauté et le content marketing vu précédemment, essentiel pour toucher et engager des audiences sur les réseaux sociaux.

Ces plateformes sont devenues des scènes incontournables pour toute marque voulant se connecter directement avec son public.

<u>À noter</u> : les points développés sur la compréhension de l'algorithme de chaque réseau sont souvent similaires d'un réseau à un autre et ne sont pas répétés à chaque fois.

Produis régulièrement du contenu de qualité, engage ton audience en leur répondant, interagis avec d'autres comptes ou personnes, sois persévérant et tout devrait bien se passer...

Facebook, le papa des réseaux sociaux

Et oui, Facebook a à peu près 20 ans à l'heure où j'écris ces lignes. Première plateforme sociale à avoir eue autant d'impact, elle est aujourd'hui délaissée par les plus jeunes qui privilégient TikTok, Snapchat ou Instagram. Pour être sincère, elle est plus connue pour rappeler les dates d'anniversaires, pour Facebook Ads et ses nombreux groupes.

Malgré tout, Facebook reste l'une des plateformes influentes avec ses fonctionnalités avancées en termes de pub et sa vaste audience. Exploiter efficacement ce réseau peut transformer la visibilité de ta marque et son engagement avec les utilisateurs.

Comprendre l'algorithme de Facebook

L'algorithme de Facebook priorise le contenu qui entraîne des interactions fortes avec les utilisateurs. Les facteurs clés qui influencent la visibilité des publications sont donc :

Engagement

Les likes, commentaires, et partages indiquent à Facebook que le contenu est engageant, ce qui augmente sa portée.

Type de contenu

Les vidéos et les images ont tendance à obtenir un engagement plus élevé que les textes seuls.

Contenu récent

Les publications récentes sont plus susceptibles d'apparaître en haut du fil d'actualité. C'est pour ça que tu vois en priorité des posts traitant de l'actualité quand tu ouvres Facebook.

Interactions passées

Si un utilisateur a régulièrement interagi avec tes publications, il est plus susceptible de voir tes futures mises à jour.

Types de contenu efficaces sur Facebook

Contenu vidéo

Les vidéos continuent de dominer sur Facebook, surtout celles qui engagent les utilisateurs dès les premières secondes et qui sont optimisées pour être visionnées sans son (utilisation de sous-titres).

Live Streaming

Les vidéos en direct reçoivent souvent plus d'engagements en raison de leur spontanéité.

Elles permettent aussi de répondre en temps réel aux commentaires des spectateurs, ce qui peut renforcer l'engagement de ta communauté.

Posts interactifs

Poser des questions, réaliser des sondages, ou tout simplement inciter les utilisateurs à partager leurs opinions peut augmenter sensiblement l'interaction avec tes publications.

Publicité sur Facebook et Instagram en deux mots

Nous en parlerons plus tard dans ce livre mais la

plateforme de publicité de Facebook (Et Instagram donc car les deux sont «liées») offre des outils de ciblage assez poussés qui permettent aux marques de diriger leurs annonces vers des segments d'audience spécifiques basés sur des données démographiques, des intérêts, des comportements, et même des interactions précédentes avec ta marque.

Formats d'annonces

Facebook offre une variété de formats, y compris des vidéos, des images, des carrousels (plusieurs images ou vidéos dans une seule annonce).

Astuces pour les Community Managers qui sont sur Facebook

La force des groupes

Hormis LinkedIn, il n'existe pas d'autres réseaux sociaux avec autant de communautés réunies sous forme de groupes. Il est important de les exploiter.

Attention, pense toujours à donner avant de recevoir sous peine de te faire bannir de certains groupes. Si tu es amené à interagir de manière pertinente et régulière dans un groupe, travaille ton profil pour les petits curieux (et potentiels futurs clients) qui se demanderaient qui se cache derrière toutes ces interventions intéressantes.

Instagram et Facebook grâce au Business manager

Le Business Manager permet de gérer l'ensemble de ta stratégie (publicitaire ou non) Facebook et Instagram. Si tu privilégies Instagram mais que tu as tout de même une petite communauté sur Facebook, fais d'une pierre deux coups en postant sur les deux réseaux simultanément.

Audience Insights

Utilise cet outil pour analyser la performance de tes posts et de tes publicités. Audience Insights peut t'aider à comprendre quels types de contenu fonctionnent le mieux, à quel moment poster, et comment ajuster tes stratégies en fonction des comportements de ton audience.

Instagram, le portfolio qui a bien changé

Oui, on a tendance à l'oublier mais à la base, Instagram était axé sur la photo. Pour la petite anecdote, Kevin Systrom, son fondateur, était président d'un club de photos.

Et pour aller plus loin dans l'anecdote puisque l'on parlait de pivot plus tôt dans ce livre (voir « le modèle Lean Startup » dans la partie III, chapitre 20), à la base Instagram, qui s'appelait Burbn servait uniquement pour le partage de photos.

Joli pivot !

Comprendre l'algorithme d'Instagram et adopter des stratégies de contenu pertinentes sont essentiels pour maximiser l'impact de tes efforts marketing.

Comprendre l'Algorithme d'Instagram

L'algorithme d'Instagram privilégie les contenus qui engagent rapidement les utilisateurs après leur publication. Voici les critères importants :

Engagement

Les posts ou Reels qui accumulent rapidement des likes, des commentaires et des partages sont favorisés. C'est notamment le cas des Reels avec les personnes qui ne te suivent pas.

Contenu récent

Les publications récentes, notamment les Reels, sont plus susceptibles d'être montrées aux utilisateurs.

Relations

Le contenu des comptes avec lesquels les utilisateurs interagissent régulièrement est priorisé.

Temps de consultation

Les posts qui retiennent les utilisateurs plus longtemps sont mieux classés.

Types de contenu efficaces sur Instagram

Publication lors des pics d'activité

Publie lorsque tes followers sont les plus actifs pour maximiser l'engagement (entre 7 et 10 h ou entre 18 et 22 h).

Diversification des formats

Utilise des images, des vidéos, des Reels et des stories pour garder ton contenu frais et engageant.

Cohérence visuelle

Maintiens un style et une palette de couleurs qui correspondent à l'identité de ta marque.

Astuces pour augmenter l'engagement de ton contenu sur Instagram

Utilise les Reels

Profite de cette fonctionnalité pour créer des vidéos courtes et engageantes afin de toucher les personnes qui ne te connaissent pas.

Interactions dans les commentaires

Encourage les discussions sous tes posts pour booster l'engagement et réponds également à d'autres posts ou Reels.

Hashtags pertinents

Choisis des hashtags qui améliorent la visibilité de tes posts sans être trop saturés.

Stories régulières

Les stories permettent de garder le lien avec ta communauté. Elles ne doivent pas être envahissantes mais quand même régulières.

LinkedIn, le réseau social « professionnel »

Créé en 2003 par Reid Hoffman et ses co-fondateurs de la Silicon Valley sous le soleil californien, LinkedIn s'est imposé comme le réseau incontournable pour les professionnels cherchant à étendre leur réseau, générer des leads, et bâtir des relations commerciales.

Avec plus de 700 millions d'utilisateurs à travers le monde, c'est une plateforme clé qu'il faut intégrer dans ta stratégie digitale (selon ton activité bien sûr).

Comprendre l'algorithme de LinkedIn

L'algorithme de LinkedIn favorise le contenu qui stimule l'engagement et maintient les utilisateurs actifs sur la plateforme. Il prend en compte :

La pertinence de ton contenu

Le contenu est évalué en fonction des interactions et des intérêts précédents des utilisateurs. Regarde bien les tendances ou les sujets qui marchent lorsque tu postes.

Engagement de ton audience

Comme sur la plupart des réseaux sociaux cités dans ce bouquin, les publications qui reçoivent rapidement des interactions telles que les likes, commentaires et partages sont privilégiées.

LinkedIn favorise également les personnes qui interagissent avec d'autres utilisateurs donc n'hésite pas à commenter les autres posts de manière cohérente.

Ton réseau

Le contenu des personnes de ton réseau a une priorité plus élevée. Plus tu échangeras avec d'autres utilisateurs, plus ils verront en priorité tes posts (sous réserve des deux premières conditions).

Le « Dwell Time »

Le « Dwell Time » est le temps que tes lecteurs passeront sur ton post. C'est pour ça (et aussi pour améliorer la lisibilité) que les posts longs avec plein de sauts de ligne sont rois sur LinkedIn.

Attention à ne pas en abuser non plus sous peine

à ce que ton post ne ressemble plus à grand chose.

Types de contenu efficaces sur LinkedIn

Publications régulières

Maintiens une présence active en publiant fréquemment des contenus pertinents pour ton réseau.

Contenu de valeur

Partage des insights professionnels, des analyses de marché, des études de cas et des conseils pratiques qui apportent de la valeur ajoutée.

Essaye différents types de média

Enrichis tes posts avec des images, vidéos, et infographies pour capter l'attention et renforcer l'engagement.

Astuces pour augmenter l'engagement de ta communauté sur LinkedIn

Heures de publication optimales

Poste tôt le matin, pendant la pause-déjeuner, ou en fin de journée lorsque ta communauté est la plus susceptible d'aller sur LinkedIn

Interactions pertinentes

Engage la conversation avec ton réseau en commentant de manière constructive et en partageant les publications des autres. Ça augmentera la visibilité de ton profil.

Hashtags stratégiques

Utilise des hashtags ciblés pour étendre la portée de tes publications au-delà de ton réseau immédiat.

Pas ou peu de liens

LinkedIn n'aime pas que tu essayes de faire sortir ses utilisateurs de leur plateforme. Si tu souhaites mettre en avant ta marque dans tes posts, privilégie la mise en avant de ta page entreprise ou mieux encore de ton profil que tu auras optimisé au maximum auparavant.

Tiktok, le petit jeune qui fait beaucoup de bruit

TikTok est lancée en 2016 par la société ByteDance, une entreprise basée à Pékin. La plateforme préférée des jeunes est rapidement devenue un phénomène mondial.

Comprendre l'algorithme de TikTok

Comme la plupart des réseaux sociaux précédemment cités, l'algorithme de TikTok optimise l'expérience utilisateur en mettant en avant des vidéos qui génèrent un engagement élevé dès les premières interactions. Voici ce qu'il prend en compte :

Interactions des utilisateurs

Les vidéos qui accumulent rapidement des likes, des commentaires, et des partages sont privilégiées par l'algorithme.

Pertinence du contenu

TikTok personnalise les flux de contenu pour chaque utilisateur, basés sur leurs interactions précédentes.

Fraîcheur du contenu

Les nouveaux contenus sont souvent prioritaires. Ça oblige les créateurs à être régulièrement actifs sur la plateforme.

Stratégies efficaces sur TikTok

Authenticité et créativité

Les vidéos qui offrent une perspective unique ou qui utilisent une approche créative ont tendance à se démarquer et à générer un engagement plus important.

Suivre les tendances

TikTok est une plateforme de tendance. Participer à des challenges populaires, utiliser des audios à la mode, et intégrer des hashtags tendance peut augmenter considérablement la visibilité de tes vidéos.

Appels à l'action directs

Incite les utilisateurs à interagir avec tes contenus en les invitant à répondre à des questions, à participer à des défis, ou à créer des vidéos en réponse.

Analyse de tendances

Des outils comme TrendTok peuvent t'aider à identifier les tendances émergentes pour t'assurer que ton contenu reste pertinent et engageant.

Astuces pour un community manager sur TikTok

Contenu en série

Crée des séries de vidéos qui incitent les utilisateurs à suivre ton compte pour ne pas manquer les prochains épisodes.

Collaborations

Collabore avec d'autres créateurs de contenu pour toucher leurs abonnés et étendre ta propre audience.

Double publication

Si tes vidéos sont potentiellement publiables sur Instagram également (en tant que Reels), pourquoi ne pas rentabiliser ta création et la publier sur les deux réseaux ?

Youtube, la plateforme pour du contenu long

YouTube, créé par Steve Chen, Chad Hurley, et Jawed Karim, est rapidement passé d'un site d'hébergement vidéo à une plateforme mondiale incontournable après son rachat par Google en 2006.

Avec des stars françaises comme Squeezie, Cyprien ou encore Mister V, Youtube est devenu bien plus qu'un réseau social de partage de vidéos, c'est une véritable usine à création de contenu de qualité.

Même si le contenu plus long reste roi, Youtube a suivi le pas des autres plateformes et s'est mis aux « shorts » (format vidéo vertical très court).

Comprendre l'algorithme de YouTube

YouTube utilise un algorithme complexe conçu pour servir les vidéos les plus pertinentes à chaque utilisateur, en fonction de ses habitudes de visionnage. Voici ce qui influence le plus cet algorithme :

Durée de visionnage

YouTube favorise les vidéos qui retiennent les utilisateurs le plus longtemps sur la plateforme. Le fameux « Dwell time » vu précédemment...

Engagement de ton audience

Les likes, les commentaires, les abonnements et les partages sont des indicateurs importants que YouTube prend en compte pour évaluer la popularité d'une vidéo.

Fréquence de publication

Les chaînes qui sortent régulièrement des vidéos sont souvent perçues comme plus fiables par l'algorithme et ont plus de chances d'apparaître dans les recommandations.

Les stratégies pour exploser sur Youtube

Qualité avant quantité

Investis dans la production de vidéos de haute

qualité. Un bon montage, un son clair et un bon storytelling comptent plus que jamais.

Optimisation SEO

Utilise des titres clairs et engageants, des descriptions riches en mots-clés et des tags pertinents pour aider tes vidéos à être découvertes.

Contenu Evergreen (qui dure dans le temps)

Crée du contenu qui reste pertinent au fil du temps. Ça permettra de continuer à attirer des vues sur tes vidéos bien après leur publication initiale.

Appels à l'action

Encourage les spectateurs à s'abonner à ta chaîne, à aimer tes vidéos et à laisser des commentaires. Ça aide à construire une communauté engagée.

Interaction avec les commentaires

Répondre activement aux commentaires peut encourager plus d'interactions et augmenter l'engagement (valable également pour les autres réseaux sociaux dans ce livre).

Analyse de tes métriques

Utilise les outils d'analyse de YouTube pour comprendre qui regarde tes vidéos, comment ils les trouvent, et quels types de contenu fonctionnent le mieux.

Tests A/B

Expérimente avec différents styles de titres ou miniatures (très important, la miniature !) pour voir ce qui génère le plus de clics et d'engagement.

Quelques outils pour la gestion de l'ensemble de tes réseaux sociaux

- **Later** : planifie tes publications, analyse les meilleurs moments pour publier et gère ton contenu visuellement.

- **Canva** : crée des graphiques, des vidéos et des stories qui déchirent !

- **Buffer** : programme tes posts et analyse l'engagement pour ta stratégie digitale sur les réseaux sociaux.

- **Hootsuite** : outil 360° pour la gestion des réseaux sociaux.

- **Iconosquare** : fournit des analyses avancées et des insights sur l'optimisation de ta stratégie sur les réseaux sociaux.

- **Sprout Social** : un outil complet pour la planification de contenu, l'analyse de l'engagement et le reporting.

- **BuzzSumo** : identifie les tendances de contenu et les influenceurs clés dans ta niche pour inspirer tes stratégies de contenu.

Chapitre 25
La publicité sur les moteurs de recherche (SEA) et sur les réseaux sociaux (SMA)

Tu as déjà entendu parler du SEA (« Search Engine Advertising ») ? On pourrait le définir par le cousin du SEO qui lui est gratuit (ce qui n'est pas forcément vrai dans les faits mais passons..).

Le SEA est la diffusion d'annonces publicitaires ciblées sur les moteurs de recherche, notamment Google.

Le SMA (« Social Media Advertising ») est également de la publicité mais dans un cadre totalement différent puisque l'on parle de la pub sur les réseaux sociaux.

Moyen rapide, si on a les finances, de tester son marché ou d'obtenir une croissance rapide, le SEA et/ou le SMA peuvent faire décoller ton activité ou être un aspirateur à argent si tu n'as pas de stratégie réfléchie en amont ou si tes campagnes sont mal gérées une fois lancées.

Parmi les plateformes les plus importantes, on trouve LinkedIn Ads, Facebook Ads (maintenant nommée « Meta ») que l'on mettra dans la catégorie SMA donc (tu suis ?) et Google Ads qui est du pur SEA.

Pour des raisons de quasi-monopole de Google, je me concentrerai principalement sur ce moteur de recherche dans ce chapitre quand je parlerai de SEA.

Chacune de ces plateformes offre des outils et des approches uniques pour atteindre les consommateurs.

Google Ads (SEA)

La fameuse plateforme de Google permet aux entreprises de se positionner sur le moteur de recherche Google et ses sites partenaires via des annonces payantes.

Google Ads fonctionne principalement sur un modèle de PPC (Pay-Per-Click), où les annonceurs paient chaque fois qu'un utilisateur clique sur leur annonce.

La grande force de Google Ads réside dans l'intention de l'utilisateur. Les annonces sont souvent affichées à des personnes recherchant un produit ou service spécifique, ce qui offre une excellente opportunité de conversion, notamment sur les annonces de réseaux de recherches.

Oui, oui, il y a plusieurs types de pubs sur Google Ads.

Facebook Ads (Meta Ads)

Les publicités Facebook utilisent les données démographiques et comportementales des utilisateurs de Facebook et Instagram pour cibler les annonces de manière très spécifique.

Les formats publicitaires ici sont extrêmement diversifiés, pouvant inclure des vidéos, des images, des carrousels, et plus encore. Les campagnes peuvent être optimisées pour divers objectifs comme la notoriété de la marque, l'engagement, le trafic vers un site web, ou les conversions.

Ici, je ne parlerais volontairement pas d'Instagram puisque bien que la stratégie publicitaire puisse être différente entre les deux plateformes, les pubs Instagram et Facebook se gèrent au même endroit : le gestionnaire de publicités Facebook.

LinkedIn Ads

LinkedIn Ads permet de cibler des professionnels selon des critères tels que l'industrie, la fonction, la taille de l'entreprise, etc.

LinkedIn est particulièrement efficace pour le BtoB (de professionnel à professionnel).

Google Ads

Google Ads, anciennement connu sous le nom de Google AdWords est, depuis son lancement en 2000, devenu l'une des plateformes les plus puissantes pour le SEA, permettant aux entreprises de toutes tailles d'atteindre un public ciblé rapidement.

Les différents formats de publicités Google

Publicités sur le réseau de recherche

Ce sont les annonces les plus utilisées. Ces annonces apparaissent au-dessus ou à côté des résultats naturels sur les pages de résultats de moteur de recherche (SERPs). Elles sont généralement textuelles et sont ciblées en fonction des mots-clés recherchés par l'utilisateur.

Fais le test et tape «chaussures» sur Google. Tu vois les liens ou il est marqué «Sponsorisé»? Si si, descends un petit peu… C'est de ça dont on parle.

Publicités sur le réseau Display

Diffusées à travers un réseau de sites partenaires de Google, ces annonces peuvent être textuelles, en image ou en vidéo. Elles sont idéales pour augmenter la notoriété de la marque grâce à une large diffusion mais peuvent amener un trafic moins qualifié.

Publicités Shopping

Spécialement conçues pour les annonces de produits, ces publicités apparaissent lorsque quelqu'un recherche un produit spécifique à acheter. Elles montrent une image du produit, le prix, et le nom du magasin.

Refais le test et tape de nouveau « chaussures » sur Google. Tu vois les différentes offres de chaussures qui arrivent en premier et où il est marqué « Voir l'offre » ? C'est de ça dont on parle.

Publicités vidéo

Généralement diffusées avant ou pendant les vidéos sur YouTube, ces annonces permettent de capter un public engagé dans le contenu vidéo qu'il regarde.

Publicités d'application mobile

Conçues pour promouvoir des applications mobiles, ces annonces peuvent apparaître dans Google Play, sur YouTube, dans le réseau Display de Google, et sur d'autres applications partenaires de Google.

Bonnes pratiques pour Google Ads

Recherche approfondie de mots-clés

Utilise des outils comme Google Keyword Planner pour trouver des mots-clés pertinents qui non seulement attirent du trafic mais convertissent aussi.

Ciblage précis

Google Ads offre des options de ciblage détaillées, y compris le ciblage géographique, démographique, par appareil, et par comportement. Utilise ces options pour affiner ton audience et augmenter l'efficacité de tes campagnes.

Optimisation des annonces et des landing pages

Assure-toi que tes annonces et tes pages de destination soient à 100 % en lien avec les mots-clés que tu cibles.

Ça améliorera ton score de qualité, ce qui peut réduire le coût par clic (CPC) et améliorer la position de l'annonce.

Suivi des conversions

Configure le suivi des conversions pour mesurer l'efficacité de tes annonces.

Ça t'aidera à comprendre quelles annonces génèrent des ventes, des leads, des téléchargements d'applications ou d'autres actions importantes pour ton entreprise.

Pense à bien installer la balise Google sur ton site web en amont.

Outils et ressources pour Google Ads

- **Google Keyword Planner** : un outil essentiel pour la recherche de mots-clés et la planification de tes campagnes.

- **Google Analytics :** intégre Google Analytics avec Google Ads pour obtenir des données détaillées sur les performances de tes annonces et le comportement des utilisateurs sur ton site.

- **Google Ads Editor :** un petit logiciel pour gérer tes campagnes Google Ads. C'est particulièrement utile pour faire des modifications en masse sur tes campagnes. La plupart des professionnels Google Ads passent par l'éditeur car ça leur fait gagner un temps fou.

Avantages et inconvénients de Google Ads

Avantages

- **Visibilité instantanée** : contrairement au SEO, Google Ads peut placer ta marque en haut des SERPs (Search Engine Result Page : page de résultats de recherche qui apparaît quand tu tapes un mot-clé sur Google) immédiatement.

- **Grande flexibilité** : tu peux démarrer, mettre en pause ou ajuster tes campagnes à tout moment en fonction de ton budget et de tes objectifs commerciaux.

- **Ciblage puissant** : la capacité de cibler des utilisateurs spécifiques selon des critères divers améliore les chances de conversion.

Inconvénients :

- **Coût** : les gros marchés peuvent voir des coûts par clic très élevés, ce qui peut réduire ton retour sur investissement.

- **Suivi** : gérer et optimiser des campagnes Google Ads nécessitent un suivi constant.

Facebook Ads (Meta Ads)

Meta Ads, la plateforme publicitaire de Meta (anciennement Facebook), offre un outil puissant pour cibler précisément et engager avec des audiences variées à travers Facebook, Instagram, Messenger, et d'autres plateformes associées.

Depuis son lancement en 2007, Facebook Ads est devenu incontournable pour les marques cherchant à maximiser leur impact sur les réseaux sociaux.

Même s'il est obsolète, le terme « Facebook Ads » est encore largement utilisé. C'est pourquoi j'utiliserai ce terme dans cette section plutôt que « Meta Ads ».

Les différents formats de publicités de Facebook

Publicités avec images

Simples et efficaces, ces annonces utilisent une image statique pour capter l'attention et communiquer un message clair. Elles sont idéales pour promouvoir des produits, des événements ou des offres spéciales.

Publicités vidéo

Avec une capacité plus forte d'engagement, les annonces vidéo peuvent être utilisées pour raconter une histoire plus complète sur ton produit ou service. Elles sont souvent utilisées pour intégrer des UGC (témoignages utilisateur).

Carrousel

Les carrousels permettent de montrer plusieurs images ou vidéos dans une seule annonce. Idéal pour mettre en avant les différents produits ou les caractéristiques d'un service.

Diaporamas

Une alternative aux vidéos. Les diaporamas permettent de créer des pubs «vidéos» engageantes à partir d'une série d'images statiques.

Publicités de collection

Elles offrent une expérience immersive qui permet aux utilisateurs de cliquer sur une annonce et de visualiser un catalogue de produits sans quitter Facebook ou Instagram.

Publicités dans les stories

Utilisées sur Facebook et Instagram, ces annonces occupent tout l'écran et sont affichées entre les stories des utilisateurs.

Posts sponsorisés

Publication standard que tu as faite sur Facebook et que tu vas « sponsoriser » afin que tout le monde puisse la voir comme une publicité normale.

Bonnes pratiques pour Facebook Ads

Ciblage précis

Facebook offre des capacités de ciblage

détaillées, y compris l'âge, les intérêts, le comportement, la localisation, et plus encore. Utiliser ces options de manière stratégique peut augmenter considérablement l'efficacité de tes campagnes.

Test A/B

Teste différentes versions de tes annonces (images, titres, textes, ciblage) pour voir quelles configurations performent le mieux. Ça t'aidera à optimiser tes campagnes et à utiliser ton budget plus efficacement.

Utilisation de Facebook Pixel

Un outil essentiel pour le suivi des conversions, la création de publics personnalisés et la réalisation de remarketing efficace. Ce bout de code est à insérer sur ton site web.

Contenu attrayant et appel à l'action clair

Assure-toi que ton contenu est visuellement attrayant et que ton message incite clairement l'utilisateur à prendre une action spécifique.

Outils et ressources pour optimiser Facebook Ads

- **Facebook Ads Manager (maintenant Meta Ads Manager)** : le gestionnaire de publicités est l'outil principal pour créer, gérer et analyser tes campagnes publicitaires sur Facebook et Instagram.

- **Creative Hub :** permet de tester et de prévisualiser tes créations publicitaires dans un environnement simulé avant de les lancer.

- **Audience Insights** : fournit des données analytiques détaillées sur la performance de tes annonces et de ta page Facebook.

Avantages et Inconvénients de Facebook Ads

Avantages

- **Audience massive** : accès à une large audience avec un ciblage assez précis sur les intérêts et comportements.

- **Interaction élevée** : les formats publicitaires de Facebook sont conçus pour encourager l'interaction, ce qui peut améliorer la visibilité et l'engagement.

Inconvénients

- **Créativité & A/B testing** : le fait que les publicités soient visuelles, il est indispensable de tester, puis tester, puis tester..

LinkedIn Ads

Lancé en 2005, LinkedIn Ads permet aux entreprises de cibler des professionnels selon divers critères tels que l'industrie, la fonction, la taille de l'entreprise, et plus encore.

Les différents formats de publicités LinkedIn

Publicités textuelles

Simples mais efficaces, ces annonces apparaissent dans la barre latérale des pages LinkedIn et sont principalement textuelles, bien qu'une petite image puisse être incluse.

Contenu sponsorisé (Sponsored content)

Similaires aux posts sponsorisés sur Facebook, ces annonces apparaissent directement dans le fil d'actualité des utilisateurs et peuvent être des posts, des images, des vidéos, ou des carrousels.

InMail sponsorisé

L'InMail permet d'envoyer un message directement dans la boîte de réception LinkedIn des utilisateurs ciblés sans forcément être dans leur réseau et avec une limite de caractères plus grande qu'une simple invitation.

Publicités dynamiques (Dynamic Ads)

Ces annonces personnalisent automatiquement le contenu publicitaire en fonction de l'utilisateur qui les voit, incluant souvent le nom de l'utilisateur, sa photo et son titre professionnel pour créer une expérience plus personnelle.

Publicités vidéo (Video Ads)

Lancées pour capter l'attention dans le fil d'actualité, les annonces vidéo sur LinkedIn peuvent être un moyen efficace de raconter une histoire plus complète sur ton entreprise ou produit.

Bonnes pratiques pour LinkedIn Ads

Ciblage précis

L'une des forces de LinkedIn est son ciblage extrêmement spécifique. Utilise les données démographiques professionnelles détaillées disponibles pour atteindre exactement le type de professionnels qui sont les plus susceptibles de répondre à ton offre.

Contenu de qualité

Sur LinkedIn, le contenu de qualité et professionnel est roi. Assure-toi que tes annonces soient non seulement attrayantes visuellement mais aussi pertinentes et utiles pour le public ciblé.

Tests A/B

Teste différentes versions de tes annonces pour déterminer quelles approches visuelles, quels titres et quelles descriptions fonctionnent le mieux avec tes personas.

Suivi et analyse

Utilise les outils de suivi et d'analyse de LinkedIn pour mesurer la performance de tes annonces et ajuster tes stratégies en fonction des données recueillies.

Outils et ressources pour optimiser LinkedIn Ads

- **LinkedIn Campaign Manager** : le point central pour la création, la gestion et l'analyse de tes campagnes publicitaires sur LinkedIn.

- **LinkedIn Insight Tag** : comme le pixel pour Facebook ou la Balise Google, c'est un morceau de code JavaScript que tu peux ajouter sur ton site web pour permettre le suivi des conversions, le remarketing et obtenir des insights détaillés sur les visiteurs de ton site.

Avantages et inconvénients de LinkedIn Ads

Avantages

- **Audience professionnelle ciblée** : accède à une énorme base de professionnels qualifiés.

- **Options de ciblage avancées** : ciblage basé sur des critères professionnels précis tels que le poste, l'industrie, et la taille de l'entreprise.

Inconvénients

- **Le contenu doit être «très» pertinent** : les utilisateurs de LinkedIn s'attendent à un contenu professionnel et pertinent, ce qui peut nécessiter des efforts supplémentaires en matière de création de contenu.

- **Limitations au B to B** : bien qu'il soit possible de faire to BtoC sur LinkedIn (entreprise à particuliers), la plateforme est très axée BtoB (entreprise à entreprise) et ne peut donc pas forcément convenir à l'activité de ton entreprise.

Publicité en ligne : attention aux faux espoirs

Quand tu vas commencer à mettre de l'argent dans de la publicité en ligne, il y aura un temps d'apprentissage des algorithmes des plateformes pour déterminer les meilleures conditions pour que tes campagnes marchent.

Ce délai peut aller de quelques jours à plus d'un mois et dépend de l'argent que tu investis.

Et oui, c'est logique ! Plus tu investis d'argent, plus les algorithmes peuvent montrer tes publicités et avoir des retours pertinents afin de te faire les meilleures recommandations possibles pour tes campagnes par la suite.

Je te mets donc en garde : n'utilise la publicité en ligne que si tu as les moyens et que cette potentielle perte d'argent ne te mettra pas en défaut par la suite.

Chapitre 26
L'email marketing

Comme son nom l'indique, l'email marketing utilise les emails pour promouvoir des produits ou services tout en développant des relations avec des clients potentiels ou actuels.

Contrairement à de nombreux leviers digitaux, notamment la publicité, où les algorithmes contrôlent qui voit le contenu d'une marque, l'email marketing permet un contact direct et personnalisé avec tes clients ou prospects.

Quelques conseils pour ne pas finir dans les spams

De nos jours, quasiment tout le monde a une boite mail. Pour éviter les emails non désirés, toutes les messageries mettent en place un système de filtres des emails envahissants. Ils sont ainsi directement qualifiés comme spams et n'atterrissent pas dans ta boite de réception principale.

Mais quand nous sommes les émetteurs et non les destinataires, à quoi faut il faire attention?

Pour éviter que tes emails ne soient marqués comme spam, suis ces conseils :

Obtention de permission

Assure-toi que tes destinataires aient explicitement donné leur accord pour recevoir tes emails. Pour ça, offre du contenu intéressant en échange de leur adresse e-mail et assure-toi qu'ils cochent bien la fameuse case « J'accepte de recevoir des mails… » dans le formulaire d'inscription : on appelle cette démarche l'opt-in.

Bien que non-obligatoire, le double opt-in est fortement conseillé. Ça permet de rendre effectif une demande d'inscription (newsletters, ebook, etc) seulement après avoir cliqué sur le lien figurant dans l'email de confirmation envoyé après la demande d'inscription d'initiale.

Nettoie régulièrement tes listes mail

Supprime les abonnés inactifs et ceux qui n'ouvrent pas tes emails régulièrement. Enlève également les NPAI (n'est pas/plus à l'adresse indiquée). La plupart des outils de gestion de campagnes mails te donnent ces indications.

Personnalisation et pertinence

Envoie des contenus pertinents qui répondent aux intérêts de tes abonnés. Des emails avec un fort taux d'ouverture sont moins susceptibles d'être signalés comme spam.

Utilisation d'un langage clair

Évite les phrases typiques du spam comme «Achetez maintenant !», «Offre exceptionnelle», «Promos à -60 %» ou l'usage excessif de majuscules et de points d'exclamation dans les titres.

Propose à ton destinataire une voie de sortie

Sur chaque email qu'il reçoit, ton destinataire doit avoir la possibilité de sortir de tes listes d'emails. Cette démarche est obligatoire.

Construction de séquences automatisées

Drip Campaigns («Campagne au compte-goutte» en français)

Ces campagnes envoient des emails basés sur des intervalles de temps spécifiques depuis l'inscription du destinataire, ce qui permet de nourrir progressivement les leads jusqu'à la conversion. Cette technique est notamment utilisée dans le «lead nurturing» qui consiste à alimenter petit à petit ton prospect jusqu'à ce qu'il devienne un client. J'en parlerai dans une autre livre.

Trigger Emails («Déclencheurs d'e-mails» en français)

Ces emails sont déclenchés par des actions spécifiques des utilisateurs, comme l'abandon de panier, une inscription ou encore un anniversaire. Ça rend le mail pertinent et ça permet de construire une relation de confiance avec ton client.

Techniques de personnalisation

Segmentation comportementale

Divise ta liste en segments basés sur le comportement des utilisateurs sur ton site web, comme les pages visitées, les produits achetés, ou l'interaction avec des emails précédents (rappelle-toi : les personas…).

Emails dynamiques

Utilise des contenus qui changent automatiquement en fonction des données des utilisateurs pour créer un message personnalisé et dynamique. Par exemple, recommande des produits similaires à ceux déjà achetés ou utilise des variables pour appeler tes destinataires par leur prénom dans les mails que tu leur enverras.

Quelques outils pour ta stratégie d'email marketing

- **Mailchimp** : sans doute l'un des outils d'email marketing les plus populaires, Mailchimp offre une plateforme complète pour la gestion des campagnes. Il fournit des fonctionnalités telles que l'automatisation, la segmentation avancée, et des analyses détaillées.

- **Mailjet** : Mailjet propose des fonctions de personnalisation avancée, de segmentation et d'optimisation des campagnes en temps réel. Il est également conçu pour faciliter la collaboration en équipe, avec des fonctionnalités qui permettent à plusieurs utilisateurs de travailler ensemble sur les mêmes campagnes.

- **Lemlist** : Lemlist se concentre sur l'envoi d'emails de cold-emailing (envoi à froid) avec une forte personnalisation. Ce qui différencie Lemlist, c'est sa capacité à inclure des éléments personnalisés dans chaque email, comme des images ou des vidéos personnalisées Ça permet d'augmenter considérablement les taux d'ouverture et de réponse.

- **Sarbacane** : Sarbacane offre une excellente gestion des listes de contact, des options de segmentation poussées et un excellent support client en français.

- **Brevo (Anciennement SendinBlue)** : très complet, BREVO combine email, SMS, marketing automation (comme les autres outils proposés ici) et même des fonctionnalités de chat en direct.

C'est un excellent choix pour les entreprises qui recherchent une solution tout-en-un pour gérer non seulement leurs emails mais aussi une plus large gamme de leur communication digitale.

- **HubSpot Email Marketing** : fait partie d'une suite plus large de services d'automatisation marketing intégrée à HubSpot, un CRM puissant.

Avantages et inconvénients de L'Email Marketing

Avantages

- **Coût-efficacité** : l'un des canaux avec le meilleur retour sur investissement.

- **Personnalisation** : permet un ciblage précis grâce à la segmentation et l'automatisation.

- **Mesurable** : chaque aspect de l'email marketing peut être suivi et analysé.

Inconvénients

- **Surcharge d'emails** : les utilisateurs reçoivent une grande quantité d'emails chaque jour, ce qui peut diminuer l'efficacité d ce levier.

- **Risques de spams** : mal géré, l'email marketing peut être perçu comme intrusif et être filtré comme spam.

Chapitre 27
Choix du CMS pour ton site web

Concevoir un site web, même si l'on passe par un CMS, est un métier en soi et nécessiterait un livre entier rien que pour traiter de ce sujet.

L'idée de cette section est de donner une vue d'ensemble des CMS les plus connus qui existent sur le marché. Je ne parle pas, bien sûr, de développement « from scratch » où le développeur réalise ton site internet de A à Z.

Grâce aux CMS, tu peux faire ton site toi-même mais si tu as les moyens, je t'encourage vivement de faire appel à un professionnel car il y a énormément de paramètres à prendre en compte (SEO, sécurité, optimisation technique, etc).

Mais en fait, c'est quoi un CMS (« Content Management System » ou « Système de Gestion de Contenu » en français) ? On pourrait le définir simplement par une plateforme qui permet de créer un site web avec pas ou peu de code informatique.

Il existe énormément de CMS. J'ai choisi de t'en présenter quatre. Et on commence par le plus connu...WordPress : la star des CMS.

WordPress : la star des CMS

WordPress a été lancé en 2003 comme une plateforme de blogging simple mais a évolué pour devenir le CMS le plus populaire au monde, avec une part de marché de plus de 40 % des sites web sur notre belle terre.

Même le site de la Maison Blanche (whitehouse.gov) utilise WordPress.

Idéal pour les blogueurs, les startups, TPE, boutiques en ligne (avec le plugin WooCommerce), WordPress permet de faire des blogs, sites d'entreprise, portfolios, forums, boutiques en ligne.

L'installation est facile grâce à des solutions d'hébergement offrant des installations en un clic. L'installation peut aussi se faire manuellement en passant par un FTP (petit logiciel permettant de transférer des fichiers sur un serveur).

Ici, je parle bien sûr de WordPress.org et non pas de WordPress.com qui est souvent délaissé par les puristes.

WordPress : thèmes, plugins, apps, templates

WordPress dispose d'un large éventail de thèmes et plugins («extensions» en français) disponibles sur le répertoire officiel et chez des tiers, qui permettent une personnalisation avancée et l'ajout de fonctionnalités.

Des «page builders» («constructeurs de page» en français) permettent de créer plus rapidement les pages de ton site web grâce à un système de «drag and drop» («glisser-déposer» en français) : Elementor, Gutenberg (Intégré à WordPress), Divi, Oxygen,…

Préfère les plugins et thèmes mis à jour régulièrement et bien notés afin de te protéger d'éventuels attaques.

WordPress : SEO et sécurité

Plateforme de blog à la base, WordPress dispose d'une excellente capacité SEO pouvant être améliorée avec des plugins comme Yoast SEO ou RankMath qui aide à optimiser le contenu et les métadonnées.

Bien sûr, c'est à toi de faire tout le travail en SEO.

Ces plugins sont justes une aide.

Du fait de sa composition Open Source (code accessible par n'importe qui), WordPress est également l'un des CMS les plus piratés au monde.

De nombreuses ressources sont disponibles sur Internet pour protéger son site WordPress mais c'est un point à ne surtout pas prendre à la légère.

WordPress : prix

WordPress est entièrement gratuit. Ces coûts associés proviennent de l'hébergement et du nom de domaine, des plugins et thèmes payants et d'éventuels développements personnalisés.

Avantages et inconvénients de WordPress

Avantages

- **Extrêmement flexible** : de nombreux plugins, options de personnalisation et de développement (si tu es développeur bien sûr).

- **Grande communauté** : aucun CMS n'a une communauté aussi grande que celle de WordPress

Inconvénients

- **Peut devenir complexe sur des développements spécifiques.**

- **Sécurité, optimisation et maintenance** : du fait de sa popularité et de son code Open Source, ton site WordPress nécessite une attention particulière à la sécurité et à l'optimisation technique notamment la vitesse de chargement.

Tous ces critères doivent être surveillés et maintenus dans le temps (mise à jours des thèmes et plugins, sauvegardes régulières, etc)...

Wix : le plus accessible

Fondé en 2006, Wix est utilisé par plus de 160 millions de personnes dans le monde. Wix est idéal pour les débutants qui souhaitent faire des sites vitrine, des portfolios ou encore des petites boutiques en ligne.

La plateforme est basée sur le cloud avec une création de compte rapide et un éditeur drag-and-drop pour une mise en place instantanée.

Lascloe, entreprise fabricante d'étoles, foulards et lavallières en soie (entreprise créée dans le plus beau département du monde, soit dit en passant ....) a réalisé son site avec Wix.

Wix : thèmes, plugins, apps, templates

Tu disposes d'un vaste choix de templates conçus par des professionnels, avec des applications disponibles via le Wix App Market pour étendre les fonctionnalités.

Wix : SEO et sécurité

Les capacités SEO de Wix s'améliorent au fil des

années mais la plateforme reste moins flexible que WordPress à cause de la nature fermée de la plateforme.

De la même manière que tu n'es pas propriétaire des appareils de musculation quand tu vas à la salle de sport, tu n'es pas « propriétaire » de ton site web sur Wix.

En échange, ceux-ci assurent le service et la mise à disposition d'un espace de création de site web. Donc ils assurent la sécurité de ton site internet avec des mises à jour automatiques.

Wix : prix

Les prix vont d'environ 14 € à environ 180 € par mois pour des fonctionnalités supplémentaires et un site sans publicités. Wix hébergeant sa propre plateforme, l'hébergement est bien sûr compris dans ces tarifs.

Avantages et inconvénients de Wix

Avantages

- **Très facile à utiliser** : Wix a essayé de

simplifier au maximum l'interface utilisateur.

- **Pas de maintenance technique** : à la différence de WordPress, Wix s'occupe de tout.

Inconvénients

- **SEO** : même si Wix fait un gros travail dessus, la plateforme n'est pas la plus optimisée en termes de SEO pr rapport à ses concurrentes.

- **Tu n'es pas propriétaire de ton site web** : si tu arrêtes de payer, tu n'auras plus accès à ton site web avec ces fonctionnalités (sauf si tu décides de migrer ton site internet mais Wix étant une plateforme fermée, c'est une autre paire de manches...).

Shopify : le CMS axé E-Commerce

Shopify a été lancé en 2006 spécifiquement pour le commerce en ligne. Il alimente aujourd'hui plus de 1 million de boutiques à travers le monde.

Shopify a des concurrents directs notamment Prestashop et WordPress (avec le plugin WooCommerce).

La plateforme est parfaite pour les entrepreneurs et les entreprises de toutes tailles qui veulent créer une boutique en ligne.

Tu es guidé dans l'installation et dans la configuration, avec une interface utilisateur intuitive pour gérer les produits, les paiements et les expéditions.

Allbirds (allbirds.com), un site e-commerce qui vend des chaussures écologiques, utilise Shopify.

Shopify : thèmes, plugins, apps, templates

Tu disposes de nombreux thèmes professionnels disponibles, avec une large gamme d'applications dans le Shopify App Store pour étendre les fonctionnalités.

Shopify : SEO et sécurité

Shopify a réussi à intégrer la plupart des bonnes pratiques SEO mais certaines limitations structurelles peuvent poser des défis pour l'optimisation avancée.

La plateforme possède un très bon niveau de sécurité avec conformité PCI (sécurité des transactions par carte de crédit) et mises à jour automatiques pour protéger les transactions et les données client.

Shopify : prix

Les plans vont de 36 € à 384 € par mois, avec des frais additionnels pour les applications et certaines fonctionnalités.

Avantages et inconvénients de Shopify

Avantages

- **Intégration e-commerce complète** : Shopify propose une solution tout-en-un pour gérer tous les aspects de ta boutique en ligne.

- **Facilité d'utilisation** : la plateforme est intuitive, avec une interface simple et des modèles prêts à utiliser.

- **Robustesse** : Shopify supporte efficacement de grands volumes de trafic et de transactions.

Inconvénients :

- **Coûts mensuels** : les abonnements mensuels de Shopify peuvent s'avérer coûteux pour les petites entreprises ou les indépendants.

Webflow, le CMS pour les designers

Webflow a été lancé aux États-Unis en 2013 par Sergie Magdalin et Vlad Magdalin. Cette plateforme a rapidement gagné en popularité grâce à son approche novatrice qui permet de combiner design visuel et fonctionnalités de développement web sans coder.

Webflow est particulièrement plébiscité par les designers et les équipes marketing qui cherchent à créer des sites visuellement impressionnants avec une liberté créative complète.

L'inscription sur Webflow te donne accès à un tableau de bord où tu peux commencer à créer des sites directement depuis le navigateur.

La configuration initiale comprend la sélection d'un template de base ou la création d'une page vierge, suivie de l'utilisation d'outils de design visuel pour structurer le site.

La Startup RH, Skello, a créé son site web sur Webflow (skello.io).

Webflow : thèmes, plugins, apps, templates

Webflow offre une librairie de templates très

personnalisables qui peuvent être utilisés comme point de départ pour les designs.

Webflow propose une intégration avec de nombreux outils tiers via Zapier, ainsi que des widgets et des API pour étendre les fonctionnalités de ton site.

Webflow : SEO et sécurité

Webflow fournit des outils intégrés pour optimiser le SEO, y compris la gestion des balises meta, les redirections 301, et l'indexation automatique des sites. La nature de la plateforme permet un contrôle précis sur la structure HTML, ce qui est bénéfique pour le référencement naturel.

Côté sécurité, Webflow gère l'hébergement et offre une sécurité assez bonne, y compris des certificats SSL pour tous les sites, des sauvegardes automatiques et des mises à jour de sécurité régulières. En tant que plateforme auto-gérée comme Wix, les utilisateurs n'ont pas à se soucier des aspects techniques et de la sécurité.

Webflow : prix

Webflow propose plusieurs niveaux de tarification, débutant avec un plan de base gratuit très limité. Les plans payants commencent à 13 € par mois pour des projets basiques, avec des plans pour sites e-commerce et des comptes d'équipe coûtant nettement plus cher selon les besoins d'entreprise.

Avantages et inconvénients de Webflow

Avantages

- **Contrôle du design** : Webflow permet une personnalisation du design de manière visuelle et intuitive.

- **Hébergement inclus et maintenance technique inclus** : comme pour Wix et Shopify, l'hébergement et la maintenance technique sont intégrés.

- **Bonnes performances SEO** : Webflow favorise efficacement le référencement grâce à des outils qui optimisent la visibilité sur les moteurs de recherche.

Inconvénients

- **Coûts plus élevés par rapport à d'autres CMS** : Webflow peut s'avérer plus onéreux que d'autres systèmes de gestion de contenu, surtout pour des projets de petite envergure.

- **Courbe d'apprentissage pour les non-designers** : les utilisateurs sans expérience en design peuvent trouver Webflow complexe à maîtriser au début.

Chapitre 28
Collecte des données et Web Analytics

Kelvin, l'un des grands physiciens et mathématiciens du XIXe siècle disait : « Si vous ne pouvez pas le mesurer, vous ne pouvez pas l'améliorer ». On ne peut qu'être d'accord avec lui.

Analyser ces actions est la clé de voûte de toute stratégie digitale qui se respecte. Ça permet de mieux comprendre tes clients, d'optimiser ou de modifier ta stratégie digitale.

Dans ce chapitre, on va explorer comment collecter, analyser et utiliser les données pour améliorer la performance de ton entreprise, tout en respectant la réglementation sur la protection des données (le fameux RGPD).

Comme pour les autres chapitres, les différentes listes d'outils ne sont pas exhaustives mais donnent déjà de bonnes indications.

Sources et outils de collecte et d'analyse des données

Collecter et analyser des données, c'est la

première étape pour comprendre ton audience et mesurer l'efficacité de tes actions marketing.

Voici les principales sources de données et les outils utilisés pour les collecter et les analyser :

Pour ton site Web

- **Google Analytics** : c'est un outil incontournable pour suivre le trafic de ton site web. Il te permet de voir d'où viennent tes visiteurs, quelles pages ils consultent le plus, combien de temps ils restent, et bien plus encore. C'est gratuit et très puissant.

- **Matomo** : si tu cherches une alternative à Google Analytics qui respecte davantage la confidentialité des utilisateurs, Matomo est une excellente option. Il offre des fonctionnalités similaires mais les données restent sous ton contrôle.

- **Plugins WordPress** : pour intégrer facilement des outils d'analyse à ton site WordPress, des plugins comme MonsterInsights ou ExactMetrics sont pratiques, quoique facultatifs. Ils te permettent de configurer Google Analytics sans avoir à toucher une ligne de code mais encore une fois, ils sont loin d'être obligatoires.

Autres sources

- **Données de vente** : en analysant les informations sur les transactions et les comportements d'achat, tu peux mieux comprendre ce que veulent tes clients.

- **Enquêtes Clients** : les feedbacks directs via des sondages sont précieux pour obtenir des insights qualitatifs sur les attentes et la satisfaction de tes clients.

- **Feedback Direct** : les avis et commentaires des clients recueillis directement sur ton site ou via les réseaux sociaux peuvent te donner des indications claires sur ce qui fonctionne et ce qui ne fonctionne pas.

- **Les outils CRM et d'email marketing** qui donnent bien sûr des statistiques précises.

Les différents types de données

Comprendre les différents types de données est essentiel pour mieux les utiliser :

Données quantitatives

Ce sont les chiffres et statistiques mesurables (trafic web, taux de conversion).

Tu as sans doute déjà entendu parler des fameux KPI («Indicateurs clés de performance» en français) qui te permettent de déterminer le degré de réussite de ta stratégie digitale.

Données qualitatives

Ce sont des informations principalement descriptives (commentaires clients, feedbacks). Ces données sont très importantes pour l'amélioration de ton produit/service.

Données démographiques

Âge, sexe, localisation géographique. Ces données te permettent de valider ou définir ton persona.

Données comportementales

Comportement des utilisateurs sur le site (pages visitées, durée de visite). Ces données te permettent d'améliorer ton parcours utilisateur et peuvent être considérées également comme des indicateurs clés de performance comme les données transactionnelles ci-dessous).

Données transactionnelles

Historique des achats, valeur moyenne des commandes.

Importance de la visualisation des données

La visualisation des données permet de transformer des données complexes en représentations graphiques compréhensibles. Ça facilite la communication des résultats et aide à prendre des décisions rapidement.

Outils de visualisation des données

- **Tableau** : Tableau est un outil très populaire pour créer des visualisations interactives et des tableaux de bord. Il est facile à utiliser et offre une grande flexibilité pour représenter tes données de manière visuelle.
- **Power BI** : intégré à l'écosystème Microsoft,

Power BI te permet de réaliser des analyses avancées et de créer des rapports interactifs. C'est un excellent choix si tu utilises déjà d'autres outils Microsoft.

- **Looker** (anciennement « Google Data Studio ») : c'est un outil gratuit qui te permet de créer des rapports interactifs et visuels. Il s'intègre très bien avec d'autres produits Google, ce qui le rend très pratique pour les utilisateurs de Google Analytics.

- **Qlik Sense** : Qlik Sense est une solution de visualisation de données pour les entreprises. Il te permet de créer des tableaux de bord interactifs et des visualisations avancées.

Conformité au RGPD

Le Règlement Général sur la Protection des Données (RGPD) est une réglementation européenne qui vise à protéger les données personnelles des citoyens de l'Union Européenne. Il impose des obligations strictes aux entreprises concernant la collecte, le stockage et l'utilisation des données personnelles.

Les principes clés du RGPD sont les suivants :

Consentement

Tu dois obtenir le consentement explicite des utilisateurs avant de collecter leurs données (le fameux opt-in vu auparavant).

Transparence

Tu dois informer les utilisateurs sur la manière dont leurs données seront utilisées.

Droit d'accès

Tu dois permettre aux utilisateurs d'accéder à leurs données et de les corriger ou de les supprimer si besoin.

Portabilité des données

Les utilisateurs doivent pouvoir transférer leurs données d'un service à un autre.

Sécurité

Tu dois mettre en place des mesures techniques et organisationnelles pour protéger les données.

Pour te conformer au RGPD, voici quelques étapes à suivre :

Audit des données

Identifie quelles données personnelles tu collectes et comment elles sont stockées et traitées.

Politique de confidentialité

Rédige une politique de confidentialité claire et accessible.

Gestion du consentement

Utilise des plugins de gestion des cookies (Cookiebot, Complianz , WP GDPR Compliance, GDPR Cookie Consent, autres) pour obtenir le consentement des utilisateurs.

Chapitre 29
Partenariats et collaborations

Les partenariats dits «stratégiques» et les collaborations avec des créateurs de contenu sont des leviers essentiels pour les startups qui souhaitent accélérer leur croissance, élargir leur portée et renforcer leur position d'autorité sur leur marché.

Stratégies pour développer des partenariats impactants

Collaborations avec des micro-influenceurs sur YouTube

Il serait plus juste de définir le terme de «micro-influenceur» par «créateur de contenu avec une petite communauté engagée».

Les micro-influenceurs offrent une audience engagée et spécifique, parfait pour les startups qui cherchent à maximiser leur impact avec des budgets limités.

🚀 **Exemple d'entreprise : collaboration avec Linkuma**

La plateforme de NetLinking, Linkuma, fait de temps en temps des collaborations avec des experts SEO et créateurs de contenu sur Youtube.

Programmes d'affiliation et de co-marketing

Les programmes d'affiliation permettent aux startups de se développer à travers des partenariats où les affiliés sont rémunérés pour chaque client qu'ils apportent.

Comme son nom l'indique, le partenariat de co-marketing permet d'allier ses forces à conditions que les produits ou services soient complémentaires.

🚀 **Exemple d'entreprise : matelas, bien-être et affiliation**

La startup Casper, spécialisée dans les matelas, utilise des programmes d'affiliation avec des blogueurs de décoration et de bien-être pour promouvoir leurs produits de manière authentique et gagner en visibilité

🚀 **Exemple d'entreprise : GoPro, RedB Bull et co-marketing**

La collaboration entre GoPro et Red Bull est un exemple classique de co-marketing. Les deux marques ont uni leurs forces pour capitaliser sur leurs audiences respectives.

Elles ont co-produit du contenu autour d'événements sportifs extrêmes, chacun tirant parti de l'image de marque de l'autre pour renforcer son propre positionnement.

Aspects juridiques des partenariats et collaborations

Il est très important pour les entreprises d'être conscientes des implications légales lors de la mise en place de partenariats et de collaborations :

Contrats de partenariat

Chaque collaboration doit être formalisée par un contrat qui définit clairement les attentes, les obligations et les contributions de chaque partie.

Respect de la propriété intellectuelle

Assure-toi que les droits de propriété intellectuelle soient respectés, notamment en ce qui concerne le contenu généré et partagé.

Conformité réglementaire

Les campagnes de marketing doivent respecter les réglementations en vigueur, notamment les règles de publicité et de promotion spécifiques à chaque pays.

Chapitre 30
L'impact de l'intelligence artificielle dans le marketing digital

L'intelligence artificielle (IA) a transformé le marketing digital et a offert des outils et des techniques qui permettent aux startups de concurrencer les grandes entreprises tout en ayant des ressources limitées.

Les capacités d'analyse de l'IA, sa rapidité d'exécution et ses fonctionnalités avancées de personnalisation en font un allié précieux pour les entrepreneurs dans le digital.

Après, n'oublie pas que ton client attend avant tout de l'authenticité et une forte valeur ajoutée. L'IA est un moyen et non la finalité.

 **Exemple d'entreprise : utilisation de l'intelligence Artificielle**

Phrasee

Cette startup utilise l'IA pour générer du contenu et des messages marketing optimisés pour les emails, les annonces Facebook et les notifications push. Phrasee analyse les mots et phrases qui génèrent les meilleures réactions de la part des consommateurs et optimise les messages en conséquence.

Drift

Drift propose des chatbots alimentés par l'IA pour automatiser les conversations avec les visiteurs du site web, ce qui permet d'améliorer l'engagement et augmenter les conversions. Ces chatbots peuvent qualifier des leads, répondre aux questions fréquemment posées et même programmer des rendez-vous.

Appier

Appier utilise l'IA pour aider les entreprises à améliorer leurs campagnes marketing. Leur technologie analyse le comportement des utilisateurs et propose des stratégies de marketing personnalisées pour maximiser les conversions et le retour sur investissement.

Cresta AI

Cresta utilise l'IA pour analyser les conversations des agents de service client en temps réel. Leur technologie fournit des suggestions d'amélioration et des réponses automatisées pour aider les agents à mieux interagir avec les clients. Tout ça ayant pour but d'améliorer la satisfaction client et l'efficacité des agents.

Les différents cas d'utilisation de l'IA par des mises en situation

Pour mieux illustrer comment les entreprises peuvent tirer parti de l'IA, examinons quelques scénarios fictifs :

🔭 Mise en situation : personnalisation de l'expérience utilisateur

Startup X développe une application de fitness.

En utilisant l'IA, l'application analyse les données des utilisateurs (fréquence des séances, préférences d'exercice, niveau de forme physique) pour proposer des programmes d'entraînement personnalisés.

Ça améliore l'engagement et la satisfaction des utilisateurs, les incitant à rester abonnés plus longtemps à l'application.

🔎 Mise en situation : optimisation de contenu pour le SEO

Startup Y gère un blog sur la santé et le bien-être.

En utilisant des outils d'IA comme ceux d'OpenAI, elle génère des articles optimisés pour les moteurs de recherche en analysant les tendances de recherche et en intégrant des mots-clés pertinents.

L'IA aide également à analyser les performances des articles existants et à suggérer des améliorations pour augmenter le trafic organique.

🔎 Mise en situation : automatisation des campagnes publicitaires

Startup Z vend des produits artisanaux en ligne. Elle utilise une plateforme de publicité basée sur l'IA pour gérer ses annonces sur Google et Facebook.

L'IA ajuste automatiquement les enchères, cible les bons segments de marché et optimise les créatifs publicitaires pour maximiser les conversions tout en minimisant les coûts publicitaires.

L'IA et le SEO

Google n'interdit pas l'utilisation de l'intelligence artificielle pour générer du contenu, mais il est très important de respecter les bonnes pratiques E-E-A-T (Expertise, Expérience, Autorité, Fiabilité). Google évalue la qualité du contenu basé sur ces critères :

- **Expertise** : le sujet est-il maîtrisé ?

- **Expérience** : l'auteur a-t-il une expérience démontrable ?

- **Autorité** : le site est-il une référence ?

- **Fiabilité** : le site est-il digne de confiance ?

Comme je le disais en introduction de ce chapitre, tes clients souhaitent de l'authenticité et de la valeur ajoutée.

Pour éviter d'être pénalisé, il est essentiel de combiner l'IA avec une révision humaine pour garantir la valeur du contenu.

Pense donc bien à intégrer ton expertise et ton expérience personnelle pour que le contenu soit perçu comme fiable et pertinent par Google.

Open AI et ses concurrents

OpenAI est un acteur majeur dans le domaine de l'IA, connu pour son modèle de langage GPT-4 (Le fameux Chat GPT 4...).

OpenAI est le plus connu mais il a aussi des concurrents (liste non exhaustive) :

Google DeepMind (Google)

Connu pour ses avancées en IA, notamment AlphaGo, DeepMind se concentre sur des applications variées, allant des jeux aux solutions de santé.

Microsoft Azure AI (Microsoft)

Fournit une gamme complète de services d'IA via sa plateforme cloud, permettant aux entreprises de déployer des modèles d'apprentissage automatique et d'IA.

Les outils IA d'Amazon Web Services (AWS)

Offre des services d'IA via AWS, notamment Amazon Lex pour les chatbots, Amazon Polly pour la synthèse vocale, et Amazon Rekognition pour l'analyse d'images et de vidéos

IBM Watson (IBM)

Spécialisé dans l'analyse de données et l'IA, IBM Watson est utilisé dans divers secteurs comme la santé, les finances, et le service client pour fournir des insights et automatiser des tâches complexes.

Meta AI (Meta)

A développé le modèle de langage LLaMA et des chatbots comme BlenderBot. Meta se concentre sur des solutions open-source pour l'IA.

Anthropic

Créateur de Claude, une IA conversationnelle qui met l'accent sur la sécurité et la fiabilité.

Soutenu par Google Amazon, Anthropic vise à fournir des réponses précises et sûres dans divers contextes.

Google Gemini (anciennement Bard)

Développé par Google, Gemini est un assistant IA conversationnel qui optimise les recherches en ligne et fournit des réponses précises et rapides.

Il est intégré dans l'écosystème Google pour améliorer l'expérience utilisateur lors des recherches et pour accéder à diverses ressources en ligne.

Avantages et nconvénients de l'IA dans le Marketing Digital

Avantages

- **Efficacité** : l'IA peut traiter des quantités massives de données beaucoup plus rapidement que les humains et donc permet de gagner énormément de temps.
- **Personnalisation** : l'IA permet de créer des expériences utilisateur hautement

personnalisées.

- **Automatisation** : de nombreuses tâches répétitives et chronophages peuvent être automatisées.

Inconvénients

- **Complexité et coût** : à un certain niveau, implémenter des solutions d'IA peut être complexe et coûteux et peut également nécessiter des compétences techniques spécifiques.

- **Éthique et production de la valeur ajoutée** : l'utilisation de l'IA soulève des questions éthiques, notamment en matière de confidentialité des données et de biais algorithmiques.

Dans un certain cadre, l'IA peut freiner la production de valeur ajoutée, notamment dans le cadre de la rédaction grâce à l'IA (articles, devoirs scolaires, rapports, etc).

Partie V
Astuces concrètes pour le démarrage et le financement d'une start-up/TPE

Démarrer et financer une start-up ou une petite entreprise (TPE) comme toute activité entrepreneurial est le défi d'une existence où on apprend autant sur l'aspect professionnel que sur soi-même.

S'entourer de personnes qui ont réussi, c'est avant tout s'entourer de personnes qui ont fait des erreurs.

La cinquième et dernière partie de ce livre se penche sur toutes les choses que j'aurais voulu savoir quand j'ai commencé dans la grande école de l'entreprenariat

J'ai essayé de regrouper des approches pragmatiques : synchronisation du développement produit tout en maximisant sa future visibilité par le contenu organique, création et engagement d'une communauté, chercher des financements, et finalement, assurer une croissance à long terme.

Chapitre 31
L'art de synchroniser développement de produit et visibilité naturelle

Dans l'univers entrepreneurial, lancer un produit sans penser simultanément à sa visibilité, c'est comme lancer une bouteille à la mer en espérant qu'elle atteigne quelqu'un.

L'astuce ? Synchronise le développement de ton produit avec une stratégie SEO solide dès le départ. Voici comment tu peux allier ces deux mondes pour maximiser tes chances de succès dès le lancement.

Lancement et SEO : synchronisation parfaite

Comme on l'a déjà vu plus tôt, le SEO est un outil puissant pour booster la visibilité, mais il prend du temps à donner des résultats. Commencer tôt, c'est s'assurer que lorsque ton produit ou service est prêt à être lancé, il a déjà une présence sur le web qui peut générer du trafic et des conversions.

Voici comment aligner les étapes de développement de ton produit/service avec ta stratégie SEO :

1. Recherche de mots-clés dès la conception

Avant même la mise en place de ton produit/service, il est important de comprendre les termes que ton public cible utilise pour rechercher des produits ou services similaires au vôtre. Ça permettra de guider le développement du produit avec un langage et des fonctionnalités qui résonnent avec les utilisateurs.

2. Intégration des mots-clés dans le développement du contenu lié à ton produit ou service

Assure-toi que les mots-clés choisis soient intégrés naturellement dans les titres, descriptions, et contenu de ton produit. Ça doit être fait de manière à ce que le contenu soit pertinent et utile pour les utilisateurs, pas seulement pour les moteurs de recherche.

3. Planification de contenu avant le lancement

Commence à créer des articles de blog, des livres blancs ou d'autres contenus dans la thématique de ton produit ou service. Ça permet de commencer à bâtir une autorité et une présence en ligne avant même que le produit ne soit disponible. Ça te permettra également de faire le « teasing » de ta marque.

4. Contenu centré sur l'utilisateur

Chaque partie de ton contenu doit répondre à une question, résoudre un problème ou fournir des informations que ton persona trouve important. Utilise les résultats de la recherche de mots-clés pour aligner le contenu avec les questions et les besoins des utilisateurs.

5. Utilisation stratégique des mots-clés

Intègre les mots-clés de manière naturelle et pertinente dans le contenu comme on l'a déjà vu sur le chapitre traitant du SEO. Ça inclut les titres, les sous-titres, le corps du texte, les balises alt des images, et même dans les métadonnées comme les descriptions.

6. Pas de duplication de contenu

Google pénalise les sites avec du contenu dupliqué. Assure-toi que ton contenu soit unique et offre une valeur ajoutée par rapport à ce qui existe déjà sur ton site ou ailleurs sur le web.

7. Création de liens internes et externes

Utilise le contenu pour créer des liens vers d'autres sections de ton site qui pourraient intéresser le lecteur, et obtiens des liens entrants de sites de qualité pour améliorer ta propre autorité de domaine (les fameux backlinks dont on a déjà parlé).

Chapitre 32
L'importance d'une communauté engagée dès le début de ton projet

L'une des stratégies les plus puissantes pour une startup est de construire une communauté engagée autour de son produit bien avant le lancement officiel.

Ça crée non seulement un sentiment d'appartenance parmi tes futurs utilisateurs mais transforme également ces « early adopters » en ambassadeurs de ta marque. Voici comment tu peux cultiver cette communauté et impliquer tes utilisateurs dans le processus de création de ton produit :

Bâtis une communauté avant le lancement de ton produit ou service

Rassemble ta communauté

Crée des forums, des groupes sur les réseaux sociaux ou des plateformes dédiées où les futurs utilisateurs peuvent discuter, partager des idées et suivre le développement du produit.

Slack et Discord ou encore un groupe Facebook sont des possibilités pour accueillir ces communautés.

Organisation d'événements et de webinaires

Planifie des sessions en ligne pour discuter du produit, partager des avancées et recueillir des avis. Ces événements renforcent le sentiment de communauté et maintiennent l'engagement.

Programmes d'ambassadeurs de marque

Recrute des membres enthousiastes de la communauté pour devenir des ambassadeurs. Offre-leur des avantages exclusifs comme des accès anticipés au produit ou des réductions spéciales en échange de leur aide dans la promotion de ta marque.

Crée le sentiment d'appartenance

Personnalisation de l'interaction

Adresse-toi aux membres de la communauté

par leur nom, implique-les dans des conversations importantes et montre de l'intérêt pour leurs feedbacks afin qu'ils se sentent valorisés et importants.

Contenu exclusif

Fournis à ta communauté du contenu qu'ils ne peuvent trouver nulle part ailleurs. Ça peut inclure des aperçus des coulisses, des mises à jour de développement exclusives, ou des interviews de ton équipe si tu en as une.

Encourage le bouche-à-oreille

Challenges et concours

Lance des défis qui encouragent les utilisateurs à partager ton produit/service sur leurs réseaux sociaux. Par exemple, un concours photo où les participants doivent poster une photo liée à ton produit avec un hashtag spécifique.

Systèmes de parrainage

Offre des invitations pour que les utilisateurs proposent à leurs amis de rejoindre ta communauté. Ça peut être sous la forme de récompenses comme des produits gratuits, des services exclusifs ou des points de fidélité.

Transforme les retours en actions

Mets en avant les contributions et retours que tu reçois

Lorsque des suggestions de la communauté sont implémentées, assure-toi que tout le monde soit au courant.

Ça peut se faire à travers des mentions ou des remerciements sur les réseaux sociaux ou même des cadeaux de reconnaissance.

En intégrant ta communauté dans le développement de ton produit, tu crées non seulement un meilleur produit (ou service), mais tu forges aussi des relations durables qui peuvent se transformer en une loyauté profonde envers ta marque.

Chapitre 33
Navigation dans le paysage des financements pour une jeune entreprise en France

Ah l'argent, l'argent… le nerf de la guerre !

L'écosystème entrepreneurial français s'avère très riche et permet par différents moyens d'aller récolter quelques sous pour lancer son projet.

Alors bien sûr que non, ça n'est pas aussi simple que ma phrase précédente le laisse croire mais les opportunités existent vraiment.

Cette thématique pourrait faire l'objet d'un livre entier, notamment la levée de fonds, mais ce chapitre aura au moins le mérite de te donner une vue d'ensemble des possibilités de financement de ton entreprise dans l'hexagone.

À noter que je ne parlerai pas dans cette partie des incubateurs et autres pépinières d'entreprise mais une recherche sur notre vieil ami Google te donnera toutes les informations dont tu as besoin.

Les listes d'exemples ne sont pas exhaustives sinon le livre serait beaucoup trop long (Là aussi, les infos dont tu as besoin se trouvent facilement sur le web).

Les subventions

Les subventions sont des aides financières non remboursables fournies par le gouvernement, des institutions publiques ou des entités européennes.

Elles sont conçues pour soutenir les entreprises à différents stades de leur développement, en particulier celles qui se lancent dans des projets innovants ou de recherche.

bpifrance

bpifrance offre diverses aides, comme la «Subvention innovation» qui soutient les premières étapes du développement de solutions innovantes.

Crédit d'Impôt Recherche (CIR)

Ce dispositif fiscal favorise les entreprises engageant des dépenses de recherche et développement, permettant une déduction des impôts.

Horizon Europe

Ce programme majeur de l'UE finance des projets innovants à travers l'Europe

Aides régionales

Diverses régions offrent des subventions spécifiques pour encourager le développement et l'innovation locale. Pense à te renseigner auprès de la CCI de ton département.

Les concours

Les concours permettent aux start-ups de présenter leur projet, souvent en échange de financements, de visibilité et de soutien professionnel.

Concours d'innovation i-LAB

Ce concours national portée par bpifrance soutient la création de startups innovantes en leur offrant un accompagnement financier et technique.

French Tech Rise

Orienté vers les startups en phase de pré-amorçage et porté par la French tech, ce programme vise à soutenir leur développement initial.

Prix Moovjee

Spécialement conçu pour les jeunes entrepreneurs et les porteurs de projets, il offre une reconnaissance et un accompagnement pour les jeunes entreprises.

Agorize

Une plateforme qui rassemble de nombreux concours d'innovation, permettant aux startups de trouver des défis adaptés à leur domaine et à leur stade de développement.

Le crowdfunding

Le crowdfunding permet aux entreprises de « lever des fonds » directement auprès du public, en échange de récompenses ou de participations.

Si tu passes par le crowdfunding, le travail de promotion et de communication autour de ton projet est primordial si tu veux atteindre tes objectifs.

Ulule

Plateforme très populaire en France, elle permet de financer des projets divers et variés.

KissKissBankBank

Cette plateforme aide également les porteurs de projets à collecter des fonds auprès d'une large audience.

Wiseed

Wiseed permet aux investisseurs d'acheter des

parts dans des startups innovantes.

Lendopolis

Cette plateforme de prêt participatif permet aux particuliers de prêter directement à des PME françaises.

Et bien d'autres...

Sowefund, Tudigo, Lendosphère, etc

La Llevée de fonds

La levée de fonds traditionnelle se fait souvent en plusieurs étapes, chacune correspondant à un stade de développement de l'entreprise.

Voici, de façon simplifiée, les différentes étapes de levée de fonds :

Étape 1 : la Love Money

Fonds de démarrage provenant de la famille et des amis.

Étape 2 : pré-seed

Investissements initiaux de business angels ou de fonds spécialisés pour aider à valider le concept de ton entreprise ou développer un prototype.

Étape 3 : seed

Premier tour formel de financement pour commencer les opérations et le développement du marché.

Étape 4 : série A

Financements destinés aux entreprises qui ont validé leur modèle économique et qui sont prêtes à scaler (se développer à grande échelle).

Étape 5 : série B et suivantes

Tours de financement visant à soutenir l'expansion à l'international, l'innovation produit, ou l'exploration de nouveaux marchés.

Ne pas lever de fonds : Bootstrap

Malgré ce que l'on peut voir dans les médias, les levées de fonds sont loin d'être obligatoires pour réussir… On parle alors de Startups « Bootstrap » ou « Bootstrapées ».

Opter pour le Bootstrap signifie financer l'entreprise à partir de ses propres revenus, sans aide extérieure (en tout cas, sans prise de capital extérieure).

Ça permet de maintenir le contrôle total de l'entreprise et de ne pas être dilué au capital mais ça peut également limiter la croissance de ton entreprise en raison de la disponibilité limitée des ressources financières.

Chapitre 34
Préparer la scalabilité et la croissance à long terme de ton entreprise

La capacité d'une entreprise à évoluer de manière durable et efficace est vitale pour sa survie et sa réussite à long terme.

Pour les start-ups, on peut différencier trois types de structures selon leur état d'avancement :

La start-up donc

Entreprise (souvent dans la tech) qui démarre et qui est amenée à croître rapidement.

La « scale-up »

Entreprise qui a trouvé son marché, qui commence à embaucher et qui doit croître rapidement afin d'être en avance sur ses concurrents.

On dit qu'un produit ou service est scalable quand il peut facilement être multiplié.

Un vendeur de biens immobiliers, par exemple, n'a pas une activité scalable puisque la multiplication des ses ventes dépend des disponibilités sur le marché.

Une entreprise vendant des produits ou services numériques a une activité scalable puisqu'elle peut potentiellement multiplier rapidement le processus de vente et ce, n'importe où dans le monde.

La licorne

Entreprise dont la valorisation est supérieure à 1 milliard de dollars. Parmi les licornes françaises les plus connues en 2024, on trouve notamment Blablacar, Alan, Doctolib, Back Market, Deezer ou encore Lydia.

À noter que si l'entreprise entre en bourse ou qu'elle est rachetée, elle n'est plus considérée comme une licorne.

Développe des produits et services facilement évolutifs pour une scalabilité au poil

Pour assurer une scalabilité efficace, il est essentiel que les produits et services offerts par la startup soient conçus dès le départ pour supporter une augmentation importante de la demande.

Voici quelques conseils pour que tes produits/services soient facilement évolutifs et scalables :

Modularité

Si tu le peux, construis tes produits de manière modulaire, ce qui permet d'ajouter, de modifier ou d'améliorer des fonctionnalités sans perturber l'intégrité de l'ensemble.

🚀 Exemple d'entreprise : Salesforce, le CRM modulaire

Salesforce, par exemple, utilise une architecture basée sur des modules qui permet aux clients d'ajouter des fonctionnalités selon leurs besoins sans perturber les opérations en cours.

Automatisation des process

Dès que les process sont bien établis, investis dans leur automatisation dès que tu le peux. Ça inclut tout ce qui est possible, de la production au déploiement de ta marque.

🚀 Exemple d'entreprise : Amazon et son automatisation logistique

Par exemple, Amazon a automatisé une grande partie de ses processus logistiques, ce qui lui permet de gérer efficacement des millions de commandes.

Développer une culture d'innovation et d'adaptation

Si ton entreprise commence à marcher (je te le souhaite de toutes mes forces), tu vas devoir embaucher tes premiers salariés.

Il est important d'établir dès que possible une culture d'entreprise forte idéalement basé sur l'innovation si ton marché le permet.

La culture d'entreprise joue un rôle déterminant dans la capacité d'une startup à innover et à s'adapter aux changements du marché. Une culture qui favorise l'innovation peut accélérer la croissance et améliorer la compétitivité.

Voici quelques exemples tirés des plus grandes entreprises de l'histoire :

 Exemple d'entreprise : encourager la prise de risque calculée chez Google

Google, par exemple, encourage ses employés à consacrer 20 % de leur temps de travail à des projets de leur choix qui peuvent ou non aboutir à des produits viables pour l'entreprise.

Cette initiative a permis la création de produits Google connus AdSense (permet de diffuser des pubs sur ton site web contre rémunération) et Gmail.

 Exemple d'entreprise : apprentissage continu chez Pixar.

Pixar organise des sessions de formation internes régulières, appelées "Pixar University", où les employés de tous les départements sont encouragés à apprendre de nouvelles compétences et à partager leurs connaissances.

Chapitre 35
Se tourner vers l'international

Et oui, c'est déjà le dernier chapitre de ce livre...

Si la stratégie digitale de ton entreprise t'a permis d'exploser et que ton entreprise devient un succès, il va falloir penser plus grand : le monde !

L'internationalisation est un palier plus qu'important pour les entreprises qui cherchent à étendre leur impact et leur marché au-delà des frontières nationales.

Stratégies pour l'internationalisation

La décision de s'internationaliser doit être basée sur une combinaison de facteurs internes et externes qui inclut logiquement la maturité de ton entreprise, la saturation du marché local, et les opportunités de marché à l'étranger.

Voici quelques conseils pour planifier l'internationalisation de ta future licorne !

Analyse de marché

Avant de décider de s'implanter dans un nouveau pays, il faut bien sûr réaliser une étude de marché approfondie. Il est déterminant que tu comprennes la demande locale, la réglementation, et les pratiques culturelles pour adapter ton produit ou ton service.

Le bon moment

L'expansion internationale doit être envisagée lorsque ton entreprise possède des ressources suffisantes pour gérer les défis logistiques et culturels.

Partenariats stratégiques

Collabore avec des entreprises locales pour faciliter l'entrée de ton entreprise dans cette nouvelle région.

Apprentissage et scalabilité

Afin de gagner du temps lors de ton expansion,

crée un « PlayBook », une sorte de guide qui liste les choses qui ont marché ou non lors de l'expansion précédente de ton activité vers une pays ou une zone (c'est ce que fait BlaBlaCar par exemple).

Ça permettra de « scaler » le processus d'internationalisation vers d'autres zones même s'il y a bien sûr énormément de critères qui sont propres à chaque région.

🚀 Exemples de Startup : Airbnb, Spotify et Uber

Airbnb a commencé par des expansions ciblées dans les villes les plus touristiques avant de se généraliser à l'échelle mondiale.

En se concentrant initialement sur les marchés européens, **Spotify** a pu tester et affiner son modèle d'abonnement avant de s'attaquer à des marchés plus compétitifs comme les États-Unis.

Cette approche progressive a aidé **Spotify** à construire une base solide et minimiser les risques à l'entrée du marché américain.

Malgré son succès global, **Uber** a rencontré des défis compliqués, notamment des problèmes réglementaires et des oppositions locales dans divers pays, notamment avec les taxis français.

Tu l'auras compris, l'internationalisation est un énorme défi. Il est important de comprendre et de respecter les cadres légaux et culturels locaux.

Conclusion

Alors voilà, c'est la fin de notre voyage au cœur du succès digital.

Mais si tu lis actuellement ces dernières pages, c'est sans doute le début de quelque chose de bien plus grand pour toi.

Si ce livre t'a plu, c'est qu'il est né d'un désir sincère de partager tout ce que j'aurais voulu savoir il y a quelques années quand j'ai commencé à monter ma première entreprise.

J'ai tenté de condenser dans un livre de moins de 300 pages un univers immense et de t'offrir, assez paradoxalement, la vue d'ensemble la plus précise possible.

Alors oui, bien sûr que chaque chapitre de ce bouquin nécessiterait une livre à lui seul mais mon espoir est que ce guide te serve de tremplin. Un tremplin qui t'emmènera vers les ressources, les outils et les stratégies qui feront de ton entreprise une réussite.

À toi maintenant de prendre toutes ces informations et de les adapter à ta vision unique.

La route vers le succès est pavée de curiosité et d'apprentissage continu. Alors, continue à apprendre, continue à expérimenter, et plus important encore, continue à rêver grand !

Si tu as la moindre question, tu peux me contacter sur Linkedin, m'envoyer un message à cedric@napsium.com ou encore me contacter sur cedric-daviet-web.com.

Bonne chance dans cette grande aventure du digital, où chaque clic compte et chaque stratégie peut faire la différence. On se retrouve de l'autre côté du succès !

Le mot de la fin

Merci à toutes celles et ceux qui de près ou de loin m'ont conseillé ou apporté leur soutien durant l'écriture de ce premier livre.

Merci à toutes celles et ceux qui me font confiance avec Cédric Daviet Web.

Merci également à toutes les personnes qui font de Napsium une plateforme incroyable, et ô combien prometteuse.

Tout ça n'est que le début de l'aventure donc restez connectés...

www.ingramcontent.com/pod-product-compliance
Lightning Source LLC
Chambersburg PA
CBHW052309220526
45472CB00001B/36